JN080031

世界から消えゆく場所

万里の長城からグレート・バリア・リーフまで

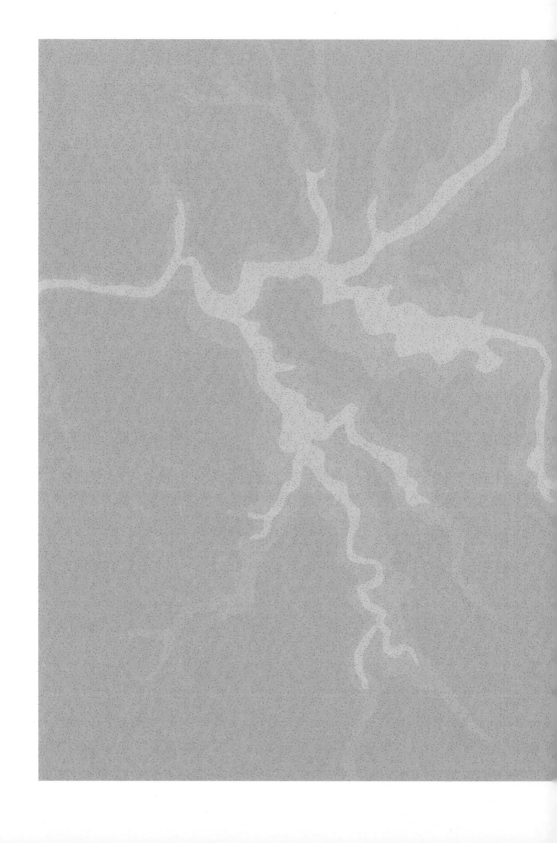

世界から消えゆく場所

万里の長城からグレート・バリア・リーフまで

トラビス・エルボラフ

マーティン・ブラウン

湊麻里 訳

NATIONAL
GEOGRAPHIC

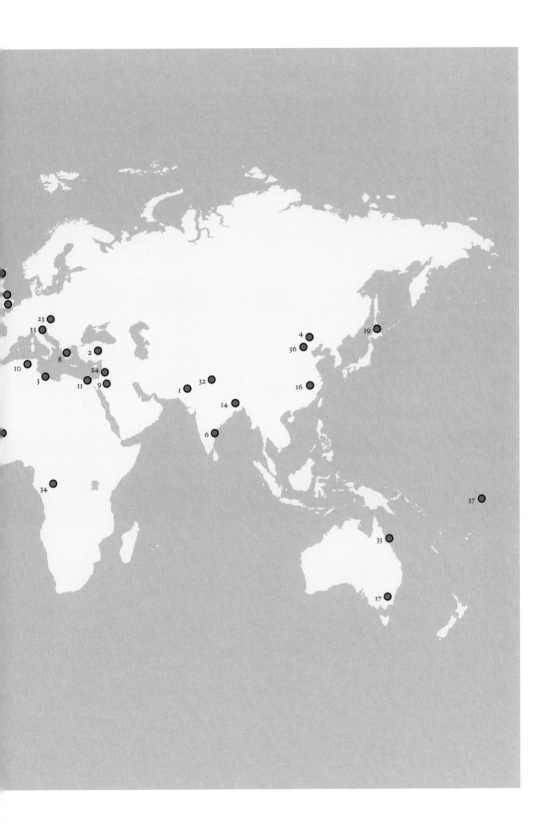

目　次

縮みゆく場所

消滅寸前の場所

本書は英 White Lion Publishing 社の書籍「Atlas of Vanishing Places」を翻訳したものです。
内容については、原著者の見解に基づいています。今後の調査等で新たな事実が判明する可能性もあります。

はじめに

　英語で「去る、消える、存在しなくなる」を意味する vanish という単語は、古いフランス語の esvanir からの借用だ。esvanir の由来となったのは evanescere（「蒸発する」）というラテン語だが、多くの人は「蒸発する」と聞いて、液体が気化する様子を思い浮かべるのではないだろうか。

　私が本書の着想を得たのは、前著『世界の果てのありえない場所』で取り上げた、アラル海（ウズベキスタン）の消滅物語である。アラル海はかつて、世界で4番目に大きい湖だった。カレイやナマズ、コイなどがとれる豊かな漁場でもあり、旧ソ連で食べられる魚の6分の1を提供していた。しかし1950年代に入ると、綿花を栽培するための灌漑事業が行われ、地域の主要な2つの河川であるアムダリヤ川とシルダリヤ川の流れが変更された。

　これにより、アラル海に注ぐ水の量は急激に減少していく。1960〜1996年に、その水位は16mも低下した。2007年には、湖面が元の広さの10分の1にまで縮小した。かつて魚が泳ぎ、トロール船が波に揉まれながら漁をしていた湖は、塩分と有害な汚染物質を含んだ、ただの砂地と化してしまった。もはや、アラル海が再生する見込みはほとんどない。そこに残されているのは、地域環境への人為的な介入が直接的に招いた、悲惨な運命だけだ。これは極端にいえば、人間の活動の影響が、地球全体の広範囲にまで意図せず及んでいることを示している。

　人間の長期にわたる化石燃料への依存や、貴重な天然資源の搾取によって、環境に何らかの影響が出ていることは明白だ。また科学的にも、それは事実だとほぼ認められている。気候変動による海面の上昇や気象パターンの変化が原因で、世界各地の景観が大きく損なわれたり、最悪の場合は失われたりしてきた。そのため残念ながら必然的に、地図帳であり地名事典である本書でも、すでに消えてしまった場所や消えかけている場所を多く紹介することになった。

　ただし本書では、半ば忘れ去られた時代に地図から消された後、再び姿を現した古代の場所や空間も取り上げている。その大半は、かつての自分自身の亡霊として、あるいは単なる残骸として蘇ったものだ。いずれの場合も、そうした場所を生み出し消滅していった文明や社会の象徴となっていることは間違いない。

場所は「失われた」という事実そのものによって、のちに発掘され、復元されて歴史に名を残すことがある。また、私たちもそれを見つけ出す過程で、どれほど重大なものがどれだけ長く置き去りにされてきたかを知ることになる。

　古い地図は、特定の場所へのタイムトラベルも可能にしてくれる。先人たちが旅したであろう、もう存在しない都市や王国や帝国へ、私たちを連れていってくれるのだ。場合によっては、その地域はぼんやりと図示されているだけで、現在の地図上で識別できる範囲には正確な座標を描けないこともある。

　時に心の痛みを感じながら、かつて存在したものへ思いを馳せるという意味では、地図は追悼の手段にもなりうる。また地図を読むことは、決して戻ってこない場所と、そこにいた人々を思い起こす行為でもある。

　私たちは普通、これから向かう場所を決めるために地図を見る。最新の面白い場所や珍しい場所を探すとき、食事や天気や景色を楽しみたいとき、まず地図を眺めるというのはよくあることだ。現在はインターネットの恩恵により、かつてまったく知られていなかった魅力的な土地を、手軽に検索することが可能になった。そのおかげで、手つかずのまま放置されている不気味な場所をのぞいてみたいという人間の欲求は、日々高まる一方である。

　地図から想像される時間的距離や空間的距離も、時代の進歩とともに劇的に縮小した。なぜならグーグルアースなどの電子地図を眺めると、場所と場所とが地球規模でつながり合っていることを実感できるからだ。しかし、荒廃した都市や建物がどれだけインスタグラムに「映える」被写体となろうと、ネットに投稿される写真は、世界の実際の広さや、今にも消えていきそうな脆さといった物理的な現実性をほとんど写さない。スワイプして閲覧する画面は、時に私たちが知る以上の世界を見せてくれる。だが同時に、世界が脆弱さを増しているという事実を、何らかの形で覆い隠してしまうこともある。

　一方で、実体のある文書や印刷物は、たとえそれがデジタルデータとして公開されたものであっても、景観や土地が環境に応じて変化する様子を写真や言葉で伝えてくれる。実在を疑われる場所も、実在するとは絶対に思えない場所も、逆にうんざりするほど平凡な場所も、文書や印刷物にはすべてが記録されている。つまり古い地図の真の役割とは、形あるものの変わりやすさを私たちに教え、次世代への遺産をただちに保護すべきだと警鐘を鳴らすことにあるのだ。

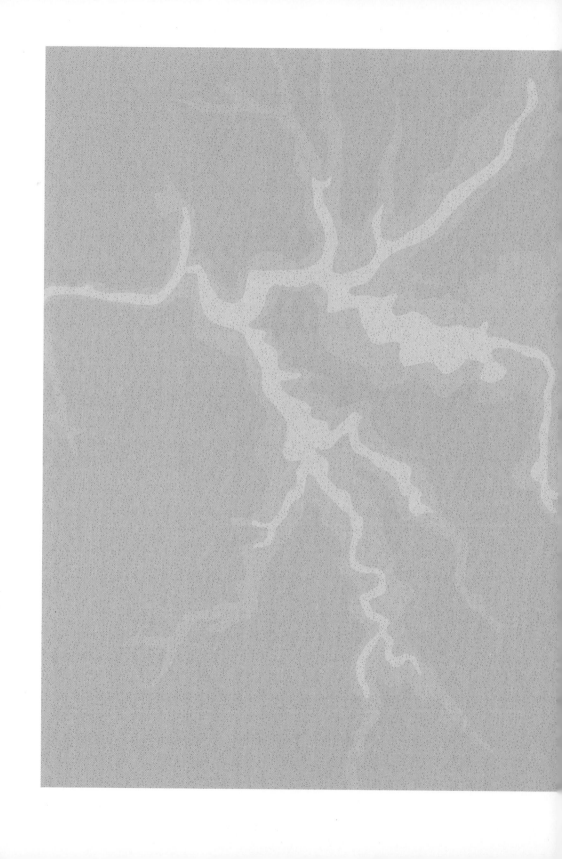

ANCIENT CITIES

古代の都市

モヘンジョ・ダロ

MOHENJO-DARO

パキスタン

PAKISTAN

エジプトで巨大なピラミッドが建造されていた頃、
インダス川流域でも先進的な文明が栄えていた。
そこには格子状に整然と並ぶ焼成れんがの建物や、
高度な排水システムに支えられた公衆浴場があった。
やがて巨大都市は廃れ、長い間忘れ去られることになった。

1920年代、パキスタン地方で、エジプト文明やメソポタミア文明に匹敵する古代文明の存在が確認された。きっかけは、インド考古調査局のR・D・バネルジーが、現在のパキスタン南部シンド州北部のインダス川流域で発掘調査を始めたことだった。現地ではその1世紀前、イギリス人探検家のチャールズ・マッソンによって、謎めいたれんがの丘や失われた都市ハラッパーの一部が発掘されていたものの、見つかっていたのはそこまでだった。

1850年代に入ると、この地域に鉄道を敷いていた技師たちが、線路の行く手を阻む奇妙な石造りの建物を発見する。技師たちは現実的かつ実用的な考えの持ち主であったため、石を記念に持ち帰ったり、別の建設工事に再利用したりしていた。だが、バネルジーの発掘チームは、これらの石にもっと多くの何か、多くの人が考えてきた以上の何かが秘められているはずだと直感する。

ちょうどその頃、ハワード・カーター（科学的かつ体系的な近代考古学の先駆けとなった人物）が、王家の谷でツタンカーメンの墓の発掘を進めていたこともバネルジーの刺激になった。彼はカーターの後を追うように発掘を始め、最初の予感が間違いではなかったことをまもなく証明した。

バネルジーらが発見したのは2つの失われた都市、すなわちハラッパーと、その大規模な双子都市であるモヘンジョ・ダロの遺跡だった。現地の言葉で「死の丘」を意味するモヘンジョ・ダロは、最終的な調査により、その広さが周囲5kmにも及んでいたことが判明した。紀元前2500年〜同1700年のインダス川流域では、この都市を中心に、極めて先進的な文明が栄えていたと考えられる。

焼成れんがの建物や丘が格子状に整然と並ぶ当時のモヘンジョ・ダロでは、高度な排水システムが発達し、最大の丘の上には広い公衆浴場まで備えられていた。こうした最新設備を少なくとも4500年前には導入していたというから、モヘンジョ・ダロは驚くほど早い時期に、衛生的な都市計画を実現していたことになる。

モヘンジョ・ダロを建設し、その住民となった人々の関心は、あくまでも清潔さと健

古代の都市

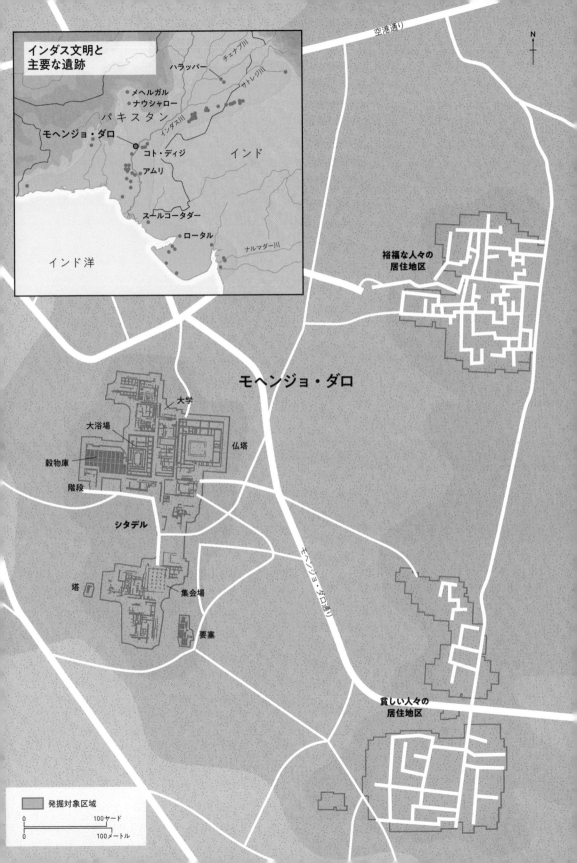

インダス文明と
主要な遺跡

ハラッパー

チェナブ川

サトレジ川

メヘルガル
ナウシャロー

パキスタン

インダス川

モヘンジョ・ダロ

コト・ディジ

インド

アムリ

スールコータダー

ロータル

ナルマダー川

インド洋

モヘンジョ・ダロ

大学

大浴場

穀物庫

仏塔

階段

シタデル

塔

集会場

要塞

裕福な人々の
居住地区

貧しい人々の
居住地区

モヘンジョ・ダロ通り

空港通り

N

発掘対象区域

0   100ヤード

0   100メートル

康にあったようだ。人々の暮らしぶりは非常に裕福で、それは建物の大きさだけでなく、遺跡に残された陶器、黄金、半貴石、象牙の工芸品、繊細に彫られた像の破片などからも見てとれる。

だが古代の他の大都市とは違い、モヘンジョ・ダロでは、徹底した派手な装飾があまり好まれなかった。そのため、壮麗な宮殿や寺院が存在しないことが、かえってこの都市を特徴づけている。

モヘンジョ・ダロに住んだ人々の実態は、今なお謎に包まれ、考古学者や人類学者の頭を悩ませている。したがって当然、この文明が完全に消滅するまでの正確な経緯も、そこに存在した巨大都市がなぜ廃れ、なぜ長い間忘れ去られることになったのかという理由も定かではない。

また、モヘンジョ・ダロには恐ろしい話もある。何らかの突発的な異変で死を遂げたと見られる44人分もの人骨が、遺跡の路上のあちこちで見つかっているのだ。だが、彼らを死に至らしめた原因を特定するのは、ほとんど不可能だろう。かつて有力とされていたのは、モヘンジョ・ダロを大洪水が襲ったとする説だが、現在これは大いに疑問視されている。他に挙がっているのは、インダス川の流れが変わったことにより、都市が衰退したのではないかという説だ。

古代の都市

右：パキスタンのシンド州に残る、モヘンジョ・ダロの遺跡。

下：1980年にユネスコ世界遺産に登録されたこの遺跡では、今でも大規模な発掘調査が行われている。

モヘンジョ・ダロ

ハットゥシャ

HATTUSA

トルコ

TURKEY

旧約聖書に記された幻の民族ヒッタイト。
長く実在を疑問視されていたが、
発見された巨大な遺跡により、実在が確実となった。
だが古代世界有数の巨大な首都も、
紀元前 12 世紀には姿を消した。

ブライ語のタナハ（旧約聖書）には、ヒッタイトという偉大な民族への言及が随所にある。その中でヒッタイトは主に、イスラエルと彼らの神に対峙する、厄介ながら尊敬すべき敵として描かれている。しかし、ヒッタイトに関する手がかりはそれ以外になかなか見つからず、古代世界を研究する歴史家にとっては、聖書での限られた言及が情報源のすべてだった。ようやく19世紀に調査は進展するものの、その時までヒッタイトの存在は、さまざまな歴史記述家たちの目をすり抜けていたようだ。

彼らが広大な帝国を築いたとされる中東地域や地中海沿岸からは、陶器の破片すら見つかっていなかった。痕跡がまったくないことから、ヒッタイトは、その存在を長く疑問視されることになる。そもそも、強大なアッシリア人やバビロニア人と同等に語られるほどの民族が、単独で地球上から消えるなどあり得るだろうか？　単純な記述上のミス、例えばカナン人と混同されたのではないかとか、タナハの書き手が書き誤ったのではないかとか、そんな可能性も指摘された。

だが1799年、ナポレオン軍がエジプトでロゼッタ・ストーンを発見したことにより、ヒッタイト帝国が実在した可能性が高まる。この石版を手がかりに象形文字を解読すると、古代エジプト文書のあちこちにヒッタイトとの争いがあったという記述が見つかったのだ。中でも注目すべきは、紀元前1279年頃、現在のシリアとレバノンの国境地域で、エジプト王ラムセス2世とヒッタイト王ハットゥシリ3世の大規模な戦いがあったという記述だ。

文書には、ヒッタイトが先進的で強力な民族であったこと、彼らの王国が中近東一帯を支配していたことがはっきりと記されていた。とはいえ、その痕跡は依然として地球上に見つかっておらず、ヒッタイトの実在は完全な否定も肯定もできない状況になった。

1834年、フランスの建築家兼考古学者であるチャールズ・テキサーが、トルコのアナトリア地方へ調査旅行に出かけた。彼は現在のトルコの首都アンカラを東に約160km 進んだ地点で、大都市ボガズキョイ（ボアズカリ）のものらしき巨大な遺跡を発掘する。さらに、そこから約2km 離れたヤズルカヤでも、

古代の都市

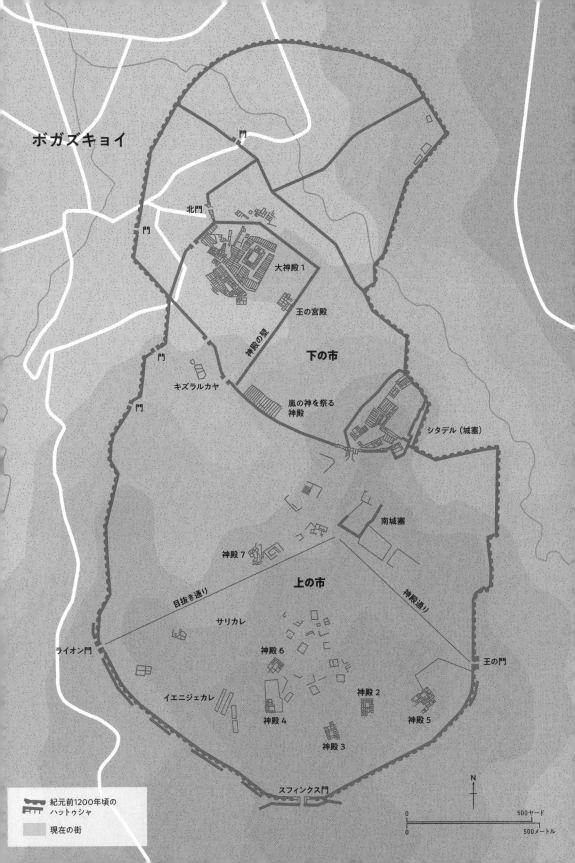

ボガズキョイ

門

北門

門

門

門

門

大神殿1

王の宮殿

神殿の壁

キズラルカヤ

下の市

嵐の神を祭る
神殿

シタデル（城塞）

南城塞

神殿7

上の市

目抜き通り

神殿通り

サリカレ

ライオン門

王の門

神殿6

イエニジェカレ

神殿2

神殿4

神殿5

神殿3

スフィンクス門

N

紀元前1200年頃の
ハットゥシャ

現在の街

0　　　　　　　　　500ヤード

0　　　　　　　　　500メートル

左：考古学者のユーゴ・ビンク
ラーによって、ヒッタイト帝国
の首都ハットゥシャであると断
定された遺跡。

下：都市の玄関口の1カ所を守
る、ライオン門。

古代の都市

18

寺院か聖所と思われる小さな遺構を見つけた。

　残念ながら、その発見の重要さが世間に知れ渡る以前に、テキサーは亡くなっている。しかし、それから数十年にわたって知的・物理的研究を重ねたドイツの考古学者ユーゴ・ビンクラーは、テキサーが発見した遺跡がハットゥシャのものであると最終的に断定した。ハットゥシャは、ヒッタイト帝国の中心地とされていた幻の都市だ。

　考古学的資料によれば、ハットゥシャのあった土地には紀元前6000年紀から人が住んでいたとされる。同じく見つかった炭素の痕跡から分かるのは、元々あった都市が焼失した跡地に、ヒッタイトが首都を築いたということだ。最初の都市は別の民族によって初期青銅器時代に設立されたが、紀元前1700年頃に焼け落ちている。やがてヒッタイトにも同じ運命が降りかかり、その首都は紀元前1190年頃に海の民と呼ばれる略奪者の手に落ちる。そしてこの時代以降、ヒッタイトは歴史記述家の前から姿を消した。これが長く信じられていた説だった。

　しかし近年の研究は、ハットゥシャの一部がその時点までに放棄されていたこと、したがって、突然暴力的に破壊されたわけではなかったことを示唆している。とはいえ私たちがよく知るように、ヒッタイトの首都ハットゥシャは歴史のさまざまな段階で外敵の攻撃を受け、紀元前1400年頃には侵略者によって壊滅寸前に追い込まれた。その後、ハットゥシャは広さを倍にして再建され、8km以上も続く新たな大城塞と、城塞に沿った長い壁で二重に保護された。都市の玄関口は、見事な浮き彫りの彫刻で飾られた。現在、こうした芸術的な城壁の一部は復元されており、それぞれの彫刻にちなんでライオン門、スフィンクス門、王の門と名づけられている。

　ハットゥシャは、その最盛期には周囲165haにまで広がり、古代世界でも有数の大きな首都となった。都市は「上の市」と「下の市」という2つの区域から構成され、先にできた「下の市」には王の城塞や宮殿、そして天候（嵐）の神を祭る最も神聖な寺院が置かれていた。やがて拡張されて「上の市」が建設されたが、後年の発掘調査によると、この部分には少なくとも26の寺院が追加されたようだ。

　ヒッタイトは信心深いと同時に、読み書きが得意な民族でもあった。その証拠にハットゥシャの遺跡では、19世紀末に独特の象形文字が刻まれた粘土板が大量に見つかっている。それらの象形文字は、アッシリア人やバビロニア人やイラン人が使っていた楔形文字と似ていたが、その時点では完全に未知のものだった。文字が解読されると、この大量の文書を通じて、ヒッタイト帝国が存在した時期や生活ぶり、エジプト人など宿敵との関係が詳細に明らかになった。それでも、ハットゥシャが滅亡した経緯や、その強大な民族がたどった運命は、謎に包まれたままだ。

ハットゥシャ

レプティス・マグナ

LEPTIS MAGNA

リビア

LIBYA

オリーブ油の産地レプティス・マグナには
ローマ帝国の富裕層が暮らしていた。
だが地震の被害や遊牧民の襲撃で勢いを無くし、
やがてアラブ人に征服されて廃都と化すと、
砂地の中に飲み込まれていった。

フェニキア人は、優れた船乗りであったことで有名だ。海神ヤムを崇拝する彼らは、馬の頭部をかたどった巨大な船を操縦し、航海に関する高度な知識を駆使して、歴史に残る船旅を何度も成功させた。フェニキアは、現在のシリア、レバノン、イスラエル北部に相当する地中海沿岸の一帯にあり、複数の独立都市国家で構成されていた。フェニキア人は船体が湾曲したボート、アルファベット、紫色の染料、そして一説にはガラス製品を発明したとされ、家畜化されたネコをヨーロッパに紹介したことでも知られる。

フェニキアの船乗りたちは、ネコがネズミをよく食べることを知っていたため、正式な手続きを踏んでネコを船に乗せ、害獣駆除役としてイタリアやその先の地域へ連れていったのだ。フェニキア人が持ち込んだ数々の商品は、はるか北にあるグレートブリテン島でも見つかっている。これは紀元前7世紀、のちにローマ帝国有数の大都市となるレプティス・マグナ（Lpqy）が、フェニキアの交易地となったためだ。

レプティス・マグナは北アフリカの地中海沿岸に位置し、現在のリビアにあるワジ・レブダの河口付近に広がっていた。海を挟んですぐ対岸にはマルタやイタリアが見える。こうした立地条件は、アフリカ内陸への隊商路を確保できるとあって、フェニキア人には魅力的に映った。

ワジ・レブダの入り江を中心に広がる開拓地は、フェニキアの大植民地へ成長したとされ、その後カルタゴ帝国の支配下に入った。しかし、当時のあらゆる商業的成功や建築的偉業も——建物の大半は新たに発展した街の下にすっかり埋もれてしまったが——、ローマ領となった時代の繁栄ぶりには及ばない。

初代ローマ皇帝アウグストゥスの治世から、レプティスはローマのアフリカ属州に組み込まれた。引き続き貿易港としても使われていたが、この時代からは農業も盛んになり、特にオリーブ油の産地として知られるようになる。土地のほとんどは砂漠化していたが、後背地の土壌は肥沃で、オリーブの木の栽培には格別に適していたようだ。また、雨の降らない時期には何本ものワジ（涸れ川）

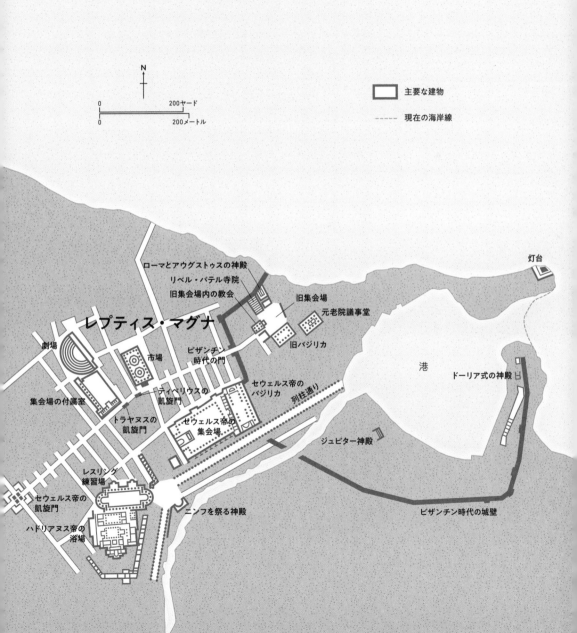

地中海

N

0　　　　　　200ヤード
0　　　　　　200メートル

☐ 主要な建物

---- 現在の海岸線

灯台

ローマとアウグストゥスの神殿
リベル・パテル寺院
旧集会場内の教会

旧集会場

元老院議事堂

旧バジリカ

レプティス・マグナ

劇場

市場

ビザンチン
時代の門

港

ドーリア式の神殿

集会場の付属室

ティベリウスの
凱旋門

セウェルス帝の
バジリカ

列柱通り

トラヤヌスの
凱旋門

セウェルス帝の
集会場

ジュピター神殿

レスリング
練習場

セウェルス帝の
凱旋門

ニンフを祭る神殿

ビザンチン時代の城壁

ハドリアヌス帝の
浴場

を灌漑用水路として利用し、農作物を育てることができた。

オリーブ油の生産を始めると、レプティスは驚くほど裕福になった。この商品は、ローマ世界全体を豊かにしたといってもいい。やがてオリーブ油は、皇帝や奴隷の区別なく、すべての人々の食生活に必要な脂肪源となっていった。体を洗う石けんの原料として、また暗闇を照らすランプの燃料として使用されることもあった。レプティスの港からは、大量のオリーブ油が帝国の各地へと輸出されていった。

その後レプティスは、北アフリカで最もローマ化された都市の1つに成長した。土着の裕福な支配層が、帝都のように快適な街を作り上げるべく、次々と公共の施設を建設したためだ。その結果、市民にとって重要な寺院、集会場、劇場、水路、公衆浴場、円形競技場、二輪戦車レース用の広場などが完成した。

紀元193年には、そうした支配層の息子であるルキウス・セプティミウス・セウェルス

が皇位を奪い取り、レプティスの地位は大きく高まる。この地を研究する著名な歴史家によれば、セウェルスは「属州出身の皇帝として紛れもなく最初の人物」だということだ。自身のルーツを忘れなかったセウェルスは、出身地であるレプティスにローマの都市と同等の威信を与え、市民には大幅な減税を認めた。また、この地を皇帝にふさわしい首都に変えるため、大規模な建築計画に出資した。

こうした計画のもと——完成はセウェルスの死後、息子で後継者のカラカラの治世まで待たなければならなかったが——、レプティスの港は再建され、船台から延びる道路に大理石の柱が立ち並んだ。市内には、大きくて新しい集会場とバジリカができた。中心部にある大通りの交差点には、セウェルス一族を彫刻で表現した凱旋門も建てられた。だが当然のように、セウェルス朝の断絶以後、街の再開発は次第に進まなくなっていく。

すでに完成していた建物は、紀元360年代に続いた地震の被害を受け、同時期には遊牧民族にも襲撃された。5世紀には東ローマ人

地図内のラベル:
フランス / スペイン / ナルボ / ゲヌア / アクイレイア / ケルソネス / マッシリア / サロナ / タラッコ / イタリア / シノーペ / バレンティア / ローマ / デュラキウム / ビザンチウム / ガデス / ネアポリス / トルコ / ティンギス / カルタゴ・ノワ / カラリス / ギリシャ / トロイ / エフェソス / カエサレア / シデ / アンティオキア / モロッコ / アルジェリア / ヒッポ・レギウス / コリント / サラミス / カルタゴ / シラクーザ / スパルタ / トリポリス / チュニジア / ベリツス / サブラタ / 地中海 / レプティス・マグナ / ベレニス / アポロニア / エルサレム / ペルシウム / アレクサンドリア / リビア / エジプト

● グレコ・ローマ時代における
地中海周辺の主要な植民地

上：グレコ・ローマ世界にお
けるレプティス・マグナと、周
囲の大植民地の場所を示した
地図。

p.24-25：ローマ皇帝セプティミ
ウス・セウェルスの凱旋門。

左：レプティス・マグナの劇場。
ギリシャの劇場とローマの劇場
の要素を両方取り入れている。

（ビザンチウム人）の配下に置かれて多少勢いを取り戻した
が、規模が縮小して衰退した街や港が消滅するのは、残念な
がら時間の問題だった。紀元643年頃、レプティスはアラブ人
に征服されるが、街はそれ以前に打ち捨てられていたものと
思われる。フェニキア人をこの地に導いた砂漠は、交易路と
して使われていた頃と同じように波打ちながら、レプティス
の残骸をたちまちのみ込んでいった。

　レプティスは砂の下で19世紀のビクトリア時代まで眠り続
けた。ただし17世紀には、トリポリ駐在のフランス領事クロー
ド・ルメールなどがこっそり略奪にやって来て、街の安らか
な眠りを妨げることもあった。ルメールらが盗み取った大量
の大理石はパリへ運ばれ、サン＝ジェルマン＝デ＝プレ教会
の祭壇の一部に使用されたと見られる。しかし、レプティス
の貴重な建築物の数々が見つかったのは、発掘が立て続けに
行われた1960年代になってからのことだ。

　その後レプティスは、リビアの政情やムアンマル・カダフィ
の独裁政権により、世の中から忘れられたようになっていた
が、カダフィが死亡した2011年以降、この地へ近づくのは容
易になったといえる。しかし本書の執筆時点で西側政府のほ
とんどは、2018年のダーイシュ（ISIS：イスラム国）による
トリポリ襲撃やそれに続くテロの危険を考慮し、リビアへの
渡航を控えるよう呼びかけている。

レプティス・マグナ

レプティス・マグナ

ザナドゥ（上都）

XANADU

モンゴル／中国

MONGOLIA/CHINA

マルコ・ポーロが記した『東方見聞録』の中でも、
ひときわ強い思い入れをもって語られたのが、
モンゴル帝国の首都ザナドゥ。
前代未聞の大帝国が築いた遺構の数々は、
まさに圧巻の一言だ。

物語や噂話が人から人へ伝わる過程で、その内容がどんどん歪曲されていくことを、私たちはよく「伝言ゲーム」と表現する。伝言ゲームの起源は子どもの古い遊びで、元々は「ロシアの醜聞」と呼ばれていた。語り直されるたび、物語に大小の改変が加わり、やがて最初とはまるで違った話ができ上がるのが特徴だ。

モンゴル支配下の中国で一時的に首都となったザナドゥ（上都）の伝説も、多くの点で、伝言ゲームのようなものと言える。なぜならこの都市は、誕生以来何世紀にもわたって、信ぴょう性の低い目撃談に次々と尾ひれがつく形で語り継がれてきたからだ。

ザナドゥと聞いてすぐに思い浮かぶのは、詩人サミュエル・テイラー・コールリッジの代表作、「クーブラ・カーン」ではないだろうか。この詩は次のように始まる。

ザナドゥにクーブラ・カーンは
壮麗な歓楽宮の造営を命じた。
そこから聖なる河アルフが、いくつもの
人間には計り知れぬ洞窟をくぐって

日の当たらぬ海まで流れていた。
そのため五マイル四方の肥沃な土地に
城壁や物見櫓が帯のようにめぐらされた。
あちらにはきらきらと小川のうねる庭園があり、
たくさんの香しい樹々が花を咲かせていた。
こちらには千古の丘とともに年経た森が続き
そこここで日の当たる緑の草地を囲んでいた。

岩波文庫『対訳 コウルリッジ詩集』上島健吉編より

「クーブラ・カーン」は、英文学における最も有名な詩の1つといっても差し支えないだろう。この詩がコールリッジの故郷デボンシャーで書かれた経緯は、本人の前書きでも説明されているため、作品同様によく知られている。いわく、この詩はコールリッジが「鎮痛剤」（つまりアヘン）を使用して陶酔状態にあったときに授かったものだという。3時間の幻想的な夢から目覚めると、彼はペンを握り、頭の中で奇跡的に完成していた300行あまりの詩を懸命に書き留めようとした。だが冒頭の3連を書いたところで、「ポーロックからやって来た客」に作業の邪魔をされてしまう。

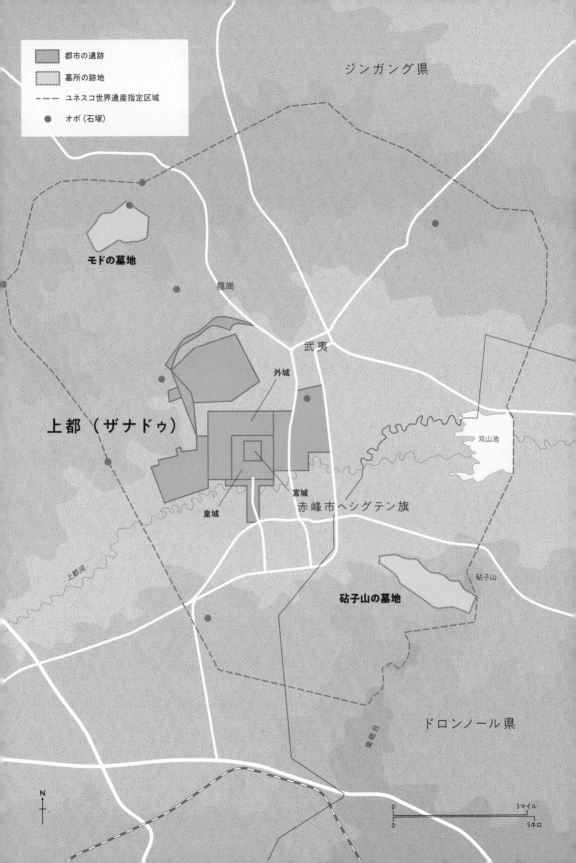

1時間ほど応対した後、再び机に向かった
コールリッジだったが、4連目以降はついに
思い出すことができなかった。しかし、結果
的にはそれが功を奏した。「大半を忘れてし
まった」という印象的なエピソードに加え、
ちょうど覚えやすい長さに収まったことで、
この詩は息の長い古典文学の傑作となったか
らだ。

コールリッジはアヘンを吸って居眠りを始
める前に、サミュエル・パーチャスが編さん
した17世紀の旅行記を読みふけっていた。こ
の本には、遠い異国へ航海した人々の冒険譚
がまとめられており、壊血病に苦しむ船乗り
や、恐怖に目を見張る探検家が語り手として
登場する。

またそこには、マルコ・ポーロの回顧録を
参考にした、ザナドゥについての短い記述も
含まれていた。眠りに落ちる直前のコール
リッジがそれに目を留め、偉大な詩を生んだ
ことは、後世の人間にとって幸運だったとい
える。「クーブラ・カーン」でいえば、特に
冒頭の「ザナドゥにクーブラ・カーンは壮麗
な歓楽宮の造営を命じた」という部分に、マ
ルコの強い影響が感じられる。

マルコ・ポーロは近年まで、実際はボス
フォラスより向こうには到達していないので
はないか、そもそも常習的な嘘つきだったの
ではないかと非難を浴びてきた。有名な『東
方見聞録』には、場所や人物や動物の描写に
かなり不自然な点があるというのだ。しか
し、13世紀ベネチア出身のこの商人兼探検家
は、最近では中世の夢想家と見なされ、記述
の真偽についてはさほど議論されなくなっ
た。大量の証拠が示す通り、マルコが1271年

に父やおじと最初の旅をし、中国へ到着した
ことは事実だと考えられている。ザナドゥで
クビライ・カンの宮殿に長年仕えたという話
も、おそらく本当だろう。

『東方見聞録』は、マルコが投獄されていた
時期に、同房のルスティケロ・ダ・ピサに口
述筆記させて完成したものである。武勇伝作
家として経験豊富なルスティケロは、話の作
り方や、大衆の興味を引く話題をよく心得て
いた。そしてマルコの側にも、仲間の囚人に
見栄を張りたいという気持ちがあったのだろ
う。獄中で暇を持て余し、すべてを誰かに話
したくなった彼は、24年に及ぶ東洋での放浪
物語を吹聴したに違いない。

年老いたマルコの話が多少疑わしくとも、
ルスティケロは構わず筆記を続けた。それど
ころか、物語の展開に必要だと判断したとき
には、つじつまを合わせるためのさまざまな
脚色まで加えていた。出版されてしばらくす
ると、今度はルスティケロの原本をもとに異
本が製作されるようになる。人々が自由な解
釈を試みた結果、上品な古フランス語で書か
れていた元の文章は誤訳され、言葉を足した
り引いたりして修正が加えられて、何種類も
の『東方見聞録』が流布することになった。

マルコがいくら冷静に語っても、この目で
見たのだと胸に手を当てて誓っても、彼が最
初に話を始めた時点から、ルスティケロはそ
の内容をほとんど信じ難いと感じていたよう
だ。中でもマルコがよく語っていたのは、モ
ンゴル帝国の宮殿があったザナドゥでの思い
出話だったが、経験豊かなベネチアの商人を
まず驚かせたのは、この帝国で紙幣が使われ
ていたことだったという。今も昔も、紙幣は

上：『東方見聞録』に描かれたクビライ・カンの宮殿。

　異質な人々の集団をまとめるのに役立ち、広く流通しやすい。また、市場における通貨供給量を確実に制御する上でも都合が良い。

　当時としては画期的なその通貨は、チンギス・カンの孫であるクビライ・カンが導入したものだった。遊牧民族にルーツを持つモンゴル人は、優れた馬術によって尊敬を集める一方、無慈悲で冷酷な戦士として恐れられてもいた。チンギスと彼の後継者たちは、驚くほど寛容で国際的な帝国を築き上げ、最盛期には現在のユーラシア大陸のほぼ全域を支配する。それはまさに、前代未聞の大帝国だった。

　クビライは1260年にザナドゥで帝位に就いたが、この新たな都市は即位の数年前、中国北部の閃電河の上流にあるモンゴル高原に建てられた。初めは首都として使われていたが、後年、皇帝の避暑地に格下げされている。といってもザナドゥの中には別荘はほとんどなく、その実態は、世界中の使者や商人を迎え入れる大都市だった。面積は2万5000ha以上あり、同心円状に並ぶ3つの区域、すなわち宮城、皇城、外城で構成されていた。

　外城の周囲には郊外として指定された区域があり、現代風

ザナドゥ（上都）

にいえば、軍事または商業目的で利用されていた。具体的には、兵舎、家畜などを扱う市場、店舗、酒場、旅館、工房、そして市内に居住を許されない労働者や商人のための住宅などが置かれた。

　ザナドゥの設計と工事は、皇帝が特に信頼を寄せる中国人顧問、劉秉忠の監督のもとで行われた。建物は近くの山や川と調和するように配置され、中国らしさとモンゴルらしさが見事に融合した景観が作られた。また、街には広場や庭や水場が豊富にあり、遊牧民時代の郷愁を誘う狩猟場や、馬や馬車から下りることなく城内へ入場できるスロープも設けられた。

　城壁の内側にある寺院、官庁、宮殿、ホールなどのうち、最も重要視されたのは穆清閣で、これは宮城内で最大の建物でもあった。しかし、現在のザナドゥを代表する遺構となったのは大安閣である。はるか昔に破壊されたこの壮大な宮殿は、ロマンチックな追憶の対象として、今なお人々を魅了し続けている。

下：ザナドゥの遺跡に見られる、
クビライのレリーフと像。

古代の都市

モンゴル人による中国の支配が14世紀に終わると、ザナドゥもその役目を終えた。啓蒙専制君主のチンギス・カンと縁が深く、すでに滅びかけていたこの都市を、元に代わって中国を支配した明朝は積極的に保護しようとはしなかった。チンギスの子孫たちも街を捨て、北の草原地帯へ逃走していった。廃墟となったザナドゥは、近隣のドロン・ノールの住民たちに荒らされ、石は建築用として持ち去られた。それ以外はほとんどすべて、周囲から侵食してきた草原の一部と化した。

ザナドゥの本格的な発掘調査は1990年代に始まり、ついに2011年、この失われた大都市の遺跡が一般公開される。長年にわたって突飛な憶測の的になっていた場所を、実際に訪れることが可能になったのだ。その光景は圧巻の一言である。長い間、地下に眠っていた大量の遺物も、丁寧に掘り起こされて博物館に展示され、存在感を放っている。だが、最盛期のザナドゥを思い浮かべるにはこれだけでは足りず、いささか想像力も働かせなければならない。

下：ザナドゥの遺跡は、2012年にユネスコ世界遺産に登録された。

ザナドゥ（上都）

シウダー・ペルディーダ
CIUDAD PERDIDA

コロンビア
COLOMBIA

空中都市マチュピチュが建造される650年も前、
南米コロンビアの高地に生まれた秘密の都市。
ジャングルを越えなければ行き着けない奥地にあり、
今では麻薬密売組織やギャングにアジトとして
使われている。

シウダー・ペルディーダは、「失われた都市」を意味するスペイン語だ。その名の通り、この都市はスペイン語を話す大多数のコロンビア人や、周辺世界にとって、長い間、失われたままになっていた。有名なインカのマチュピチュ遺跡がペルーで発見された後、それより古く奇妙な遺跡がコロンビアのシエラネバダ山脈高地で見つかったと「公表」されたのは、1970年代半ばのことだ。しかし、悪質な盗掘者や、墓を狙うトレジャーハンターたちは、早くも発表の数年前に、この遺跡を探し当てていた。

当然といえば当然だが、その活動は不法行為に当たるため、彼らは遺跡の存在をしばらく口外しようとはしなかった。しかし、歴史的に重要な遺物や、金銭的・心理的に価値の高い遺物を盗掘者が管理できないのと同様、その発見場所に関わる繊細な情報もまた、彼らはうまく管理できなかった*。口の軽い盗掘者から別の盗掘者へと噂が広まり、ついに話は数人の考古学者の耳に入ることになる。

貴重な品々が根こそぎ奪われることを案じた考古学者たちは、聞いた内容をそのまま当局へ報告した。だが実際に調べてみると、そこには盗掘者に先んじてスペインの征服者が足を踏み入れ、貴金属をすっかり持ち去っていたことが分かった。1578年のその出来事以降、4世紀にわたって、シウダー・ペルディーダは世間の記憶から消えていたというわけだ。

しかし、そうした状況の中でも、失われた都市をいつも身近に感じていた人々がいる。コギ（またはコグイとも）と呼ばれる土着の人々だ。テユナという場所の近くで代々暮らしてきたコギは、テユナを築いたタイロナの人々の子孫に当たる。

結論からいえば、タイロナの大半は、15世紀に到来したスペイン人により滅ぼされてしまった。征服者の剣や銃、そして旧世界から持ち込まれた病気によって命を落としていったのだ。元々サンタマルタ山脈の麓に住んでいたタイロナの人々は、争い事をほとんど好まず、釣りや農耕、カリブ海沿岸の他民族と物々交換をして生計を立てていた。そんな折、敵対するカリブの民族から襲撃を受けたため、人々はより標高の高い山地へ逃れることを決意する。

* 個人の見解でいえば、悪質な盗掘者の中にも、私欲を捨て、秘密を守ることのできる人間はいるはずだ。しかし、こうした活動を行う者にとって、宝の発見を自慢するのは、それを見つけるのと同じくらい甘美なことなのだ。

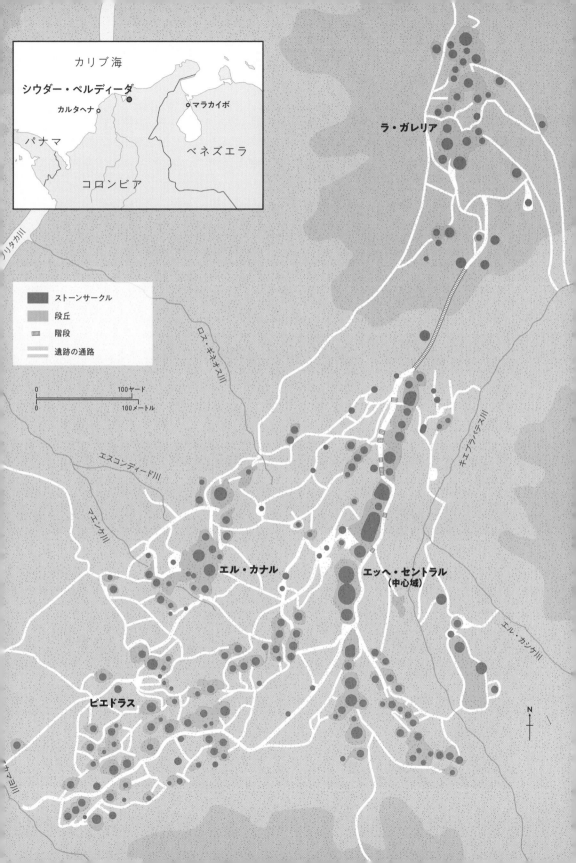

カリブ海

シウダー・ペルディーダ

カルタヘナ ○ ● マラカイボ ○

パナマ

ベネズエラ

コロンビア

ラ・ガレリア

ストーンサークル

段丘

階段

遺跡の通路

0　　　　　100ヤード

0　　　　　100メートル

エル・カナル

エッヘ・セントラル
（中心域）

ピエドラス

N

古代の都市

シウダー・ペルディーダ

そして新たな居住地となった場所に、紀元800年頃、テユナを建設した。ペルーにマチュピチュが建設されたのは、それからおよそ650年後のことだ。テユナへたどり着くには現在も徒歩で4日間かかり、海岸からブリタカ川渓谷の緑深いジャングルを抜け、1263段の傾斜した石段を登らなければならない。かつてのテユナは広大な面積を誇る都市だったが、今のところ発掘されているのは、そのわずか10%程度だ。

遺跡全体は他に類を見ない設計になっているが、山の斜面に階段状に広がる石造りの円形テラスは、とりわけ特徴的だ。奇妙ながら独創的なこの階層構造は、少なくとも2つの大きな実用上の機能を備えていたとされる。1つは、雨からの防御機能だ。下の川に流れ落ちる雨水によって街そのものが崩れないよう、この階層が排水溝の役割を果たしたのである。もう1つは、農地としての機能だ。

人々はテラスを上下に分けて堆肥化し、低層では根菜、ライマメ、カカオといった日光をあまり必要としない作物を、高層ではトウモロコシや綿といった日光を多く必要とする作物を育てていたようである。これはいうなれば、ピラミッド式農業。テユナ周辺の自然を調査した植物学者によれば、そこには人間による明らかな栽培の痕跡が見られるという。

実際に、人が住んだことのないジャングルと比べると、テユナの植物は多様で、その種類も他とはまったく異なる。遺跡のそばで生い茂る森も、一見すると手つかずの状態に思われるかもしれないが、農園として使われていた場所が荒廃した結果そうなった、というのが実情に近い。

シウダー・ペルディーダ付近の村に暮らすコギの人々は、今も昔ながらの方法で土地の世話を続けている。タイロナの時代からほぼ変わらないその方法は、地球は1つの有機体であるという、彼らの宗教的信念に根ざすものだ。全員が無加工の白い綿の服をまとい、漆黒の髪を長く伸ばしたコギの人々は、環境と共存する努力がなされていない外界の現状を深く憂慮している。「（外の人間は）世界の世話の仕方を知らない子どもたち」だと辛らつに指摘することさえある。

500年間のほとんどの時期、コギの人々は、先祖代々の土地を越えた地域とは表面的なつき合いしか持たなかった。スペインの征服者やイエズス会の宣教師に目をつけられないよう、消極的抵抗を行ったのと同じ理屈である。ジャングルは障壁として大いに役立ち、村の大部分がその下に隔離された。失われた都市が発見されたという報告の後でさえ、危険を冒して村にやってくる者は少なかった。

そのため1970年代に入ると、この場所はどちらかといえばアジト

上：テユナの遺跡近くにあるコギの村。

p.34-35：シウダー・ペルディーダのテラスからの眺め。まさに壮観だ。

としての知名度を高めていく。コロンビアで急増していたコカイン貿易の関係者や、麻薬密売組織のボス、武装したギャングなどが、深い森の中で監視の目をかいくぐり、違法な取引を続けていた。最近では2003年、シウダー・ペルディーダに向かう途中の観光客8人とガイド1人が、そうした犯罪グループに誘拐され、身代金目的で監禁されるという事件があった。

　ただし、ここ10年でいえば、コロンビアの治安ははるかに改善しつつある。政府軍は遺跡周辺の警備をこれまで以上に強化し、失われた都市へ足を運ぶ人を増やそうと懸命だ。おかげで2007〜2011年には、年間訪問者数が2000人から8000人へと4倍に増加した。訪問者の数はその後も急速に増え続けているが、神聖な景色への冒涜ではないかというコギ側の深刻な懸念も、年々少しずつ高まっている。彼らは歴史的な経緯から、自身の文化の消滅を恐れ、昔からほぼ変わらず保ち続けた平和な生き方を失うことを危惧しているのだ。

シウダー・ペルディーダ

マハーバリプラム

MAHABALIPURAM

インド

INDIA

インド洋に面した古代都市マハーバリプラム。
かつて黄金に輝いていた美しい寺院は
神々の嫉妬によって消滅したと伝えられる。
2004 年 12 月 26 日、史上最悪の津波によって、
いにしえの姿を再びこの世に現した。

2004年12月26日、記録に残る史上最悪の津波が発生した。原因は、スマトラ島の最北端で起きた巨大地震である。揺れは10分間続き、地盤は1cm近く移動した。インド洋の水も大きく動き、30mに達する津波がインドネシア各地を襲った。発生から2時間経たないうちに、津波はスリランカ、インド、タイに到達し、その影響は東アフリカや、さらに遠方の北アメリカや南極大陸にも及んだ。死者の数は14カ国で23万人以上を記録した。南インド沿岸のタミル・ナードゥでは、少なくとも1500人が犠牲になった。

　津波の被害に遭った現地の歴史的建造物の中には、ベンガル湾沿岸の都市マハーバリプラムに立つ、有名なドラビダ様式の寺院もあった。ところが、いったん水が引くと、寺院は意外な姿になって現れる。激しい波に建物が隅々まで洗われ、積もっていた砂が押し流されたため、壁に施されたレリーフがはっきりと見える状態になったのだ。海辺の砂に深く埋もれていた花崗岩の彫像も、何世紀かぶりに地上へ顔を出し、見事なライオン、象の半身、馬などの像が、今では太陽に照らされている。

　こうした遺物の再出現により、マハーバリプラムにまつわる古代神話は、その影響力をいっそう強めたといっていいだろう。この地を4〜9世紀に支配したパッラバ朝の時代、マハーバリプラムは、海洋貿易の拠点として重要な役割を果たして

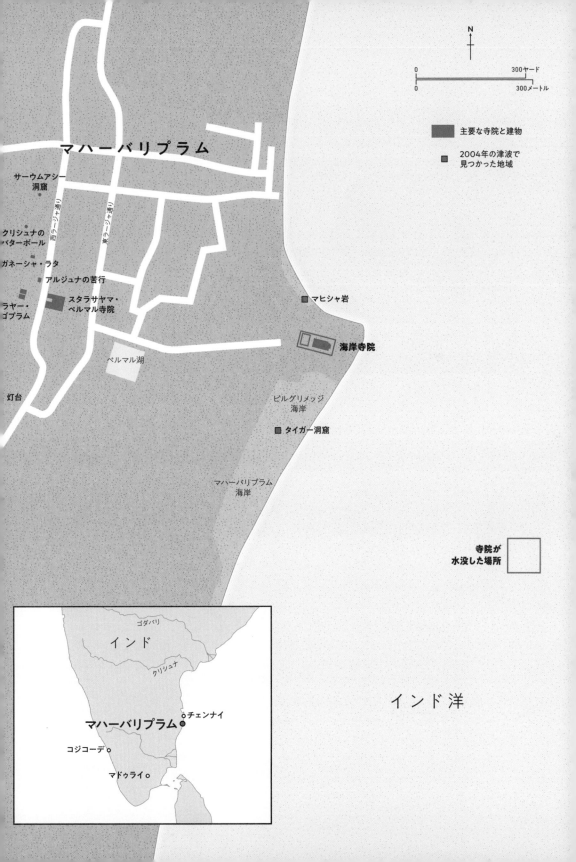

N

	300ヤード
0	
0	300メートル

主要な寺院と建物

2004年の津波で
見つかった地域

マハーバリプラム

サーウムアシー
洞窟

西ラージャ通り
東ラージャ通り

クリシュナの
バターボール

ガネーシャ・ラタ

アルジュナの苦行

ラヤー・
ゴプラム

スタラサヤマ・
ベルマル寺院

マヒシャ岩

海岸寺院

ベルマル湖

灯台

ビルグリメッジ
海岸

タイガー洞窟

マハーバリプラム
海岸

寺院が
水没した場所

インド 洋

ゴダバリ

インド

クリシュナ

チェンナイ

マハーバリプラム

コジコーデ

マドゥライ

いた。

その伝説は、1798年、イギリス人旅行者ジョン・ゴールディンガムの手記に初めて記録された。以来、インド南部についての記述にはマハーバリプラムの名がたびたび登場し、この海辺のへき地が「7つの仏塔の街」と船乗りに呼ばれていたことも明らかになった。ゴールディンガムが話を聞いたバラモンによると、彼らの祖先の時代には、砂地から伸びる塔の先端が黄金に輝いていたという。

宗教上理由もあったのだろうが、元々は海岸に船を誘導するため、そのように装飾されていたのだと考えられる。やがて7つの寺院のうち6つは、港町全体とともに消滅してしまった。それは定められた運命であり、その美しさを神に嫉妬されたからであると、現地の神話は伝えている。

それぞれの物語の真相はさておき、考古学者からは、マハーバリプラムの地質の問題が指摘されている。岩盤の上に建てられた石窟寺院とは違い、近隣の海岸寺院はどれも脆弱な砂地の上に建てられたため、変わりやすい海の影響を受けやすかったのではないかというのだ。いずれにせよ、現存する貴重な遺構を調べることは、波の危険にさらされているすべての遺構を守るのに役立つはずだと、専門家は見ている。

上：2004年の津波の後に発見された石刻

右：マハーバリプラムの海岸寺院

パレンケ

PALENQUE

メキシコ

MEXICO

この地はマヤ文明古典期における最重要都市だった。
パカル王の時代には建築事業にとりわけ力が注がれ、
広場や寺院、墓地、水路が整備された。
だが部族間の闘争、農業の衰退、人口の減少が重なり、
人々はこの地を去っていった。

　すべては2012年12月21日に終わるはずだった。少なく
ともその年にメキシコのチアパスを訪れ、マヤ文明
の古代都市遺跡パレンケで冬至を過ごそうとする
人々は、そう信じていたはずだ。人々の多くは、世界がその
日に終わりを迎えると確信していた。片道切符しか購入して
いなかったことが、彼らの強い信念の表れだった。だが結局、
終わりは来なかった。

　マヤの長期暦をカウントする時計は、区切りとされた5200
年を超えても動き続けたし、他の時計も同じだった。太陽が
再び昇り、その光が巨大なピラミッドをかすめると、安堵の
（または落胆の）ため息がパレンケに広がった。不吉な予言な
ど無視するかのように、夜明けが訪れ、新しい1日が始まった。

　とはいえ、この街の歴史が物語るように、終わりはさまざ
まな形でやってくるものだ。パレンケはマヤ文明古典期（紀
元250〜900年頃）における最重要都市の1つで、商業、芸術、
宗教行事、そしておぞましい人身御供の中心地だった。市内
にあった数多くの広場、寺院、墓地、水路、ステラ（ヒエロ
グリフが刻まれた石碑）は、パカル王が過去の建築例に倣い、
7世紀に再建したものとされている。偉大な君主であったパカ
ルは、とりわけ建築事業に力を注いだことで有名だ。

　紀元950年頃、パレンケの都市計画は終了する。詳しくいえ
ば、部族間の闘争、農業の衰退、人口の減少といった要因が
重なって、途中で終了せざるを得なかったのだ。他の中央マ

古代の都市

上：パカル王をモチーフとしたスタッコ（化粧しっくい）。
パレンケの考古学博物館に展示されている。

下：パレンケの碑文の神殿。ここはパカル王の墓所で
もある。

ヤの都市（ティカル、コパン、ヤシュチラン）と同様、パレンケは砂漠化して放棄され、人々はユカタン半島北部の海岸平野に移り住んだ。そうした北部の地域では、かつてマヤの大都市で導入されていた長期暦も廃止された。

パレンケの寺院や宮殿は、やがて周辺のジャングルにのみ込まれていった。植物があるおかげで、塗装された石造物は保護され、芸術品も略奪者に持ち去られず無事だった。16世紀になってようやく、パレンケが再び日の目を見る日がやってくる。スペイン人司祭のペドロ・ロレンツォ・デ・ラ・ナーダが、ガイドを伴って現地を探検していたとき、偶然にこの都市の遺跡を発見したのだ。しかし、本格的な発掘作業が始まるまでには、それからさらに400年待たなければならなかった。事態を進展させる大きなきっかけとなったのは、1952年、メキシコの考古学者アルベルト・ルース・ルイリエールがパカル王の墓を発見したことだった。

右：1956年に撮影されたパレンケの神殿。

p.46-47:パレンケの遺跡は、周辺のジャングルに守られている。

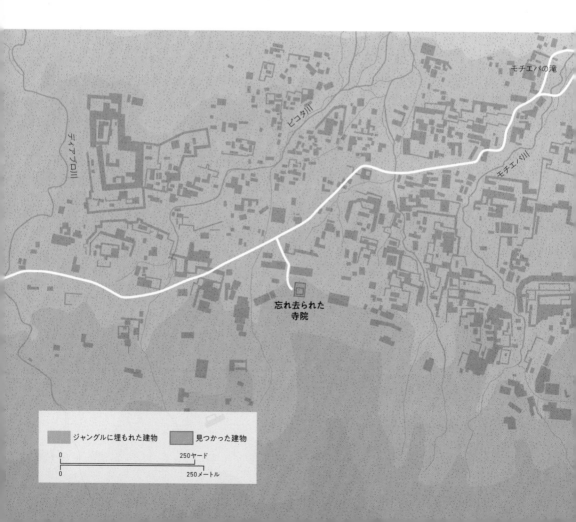

モチエパの滝

ピコタ川

ディアブロ川

モチエパ川

忘れ去られた寺院

ジャングルに埋もれた建物　　見つかった建物

0　　　　　　　　　　250ヤード

0　　　　　　　　　　250メートル

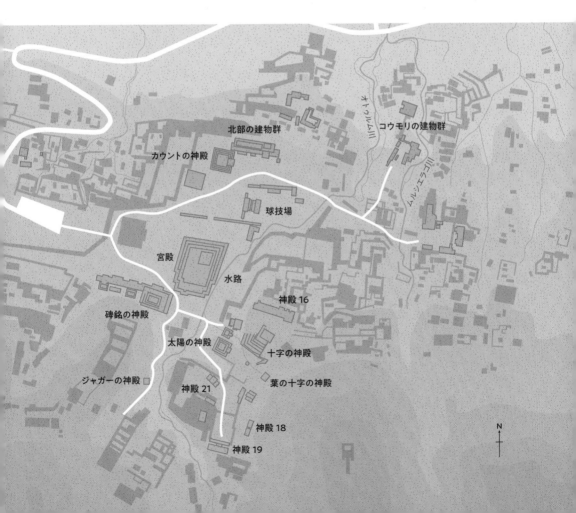

北部の建物群

カウントの神殿

オトルム川

コウモリの建物群

ムルシエラゴ川

球技場

宮殿

水路

碑銘の神殿

神殿 16

太陽の神殿

十字の神殿

ジャガーの神殿

葉の十字の神殿

神殿 21

神殿 18

神殿 19

N

パレンケ

ヘリケ

HELIKE

ギリシャ

GREECE

神話に彩られた古代ギリシャの都市ヘリケ。
ポセイドンを守護神として崇め、
その姿を硬貨にも刻んでいた。
だが、あることがポセイドンの逆鱗に触れ、
一夜にして壊滅したと伝えられる。

古代ギリシャのオリュンポス12神は、一般的な「神」のイメージとかけ離れたキャラクターばかりだ。不寛容な神、したたかな神、好色家の神、近親相姦を行う神、人を殺める神、あるいはそれ以上の悪事を働く神もいた。その中でも人間の大敵は、おそらくポセイドンだろう。その怒りの激しさは、ホメロスの『オデュッセイア』につづられたオデュッセウスの受難から何よりも明らかだ。

海の神にして馬の創造主でもあるポセイドンは、常に不機嫌で怒りっぽく、三叉の鉾を手に戦車にまたがっては気炎を上げていたとされる。とりわけ気分を害したときには、この鉾で大地を叩き、地震を起こすのがお決まりのパターンだった。あるギリシャ神話編さん者の言葉を借りれば、ポセイドンの怒りは「計り知れないほど大きく」、その眉毛も「太くて威嚇的」であったという。だが、生後まもなく父親に食べられそうになったポセイドンが、現代の心理療法の用語でいう「怒りの問題」を抱えることになったのは、ある意味当然なのかもしれない。

ペロポネソス半島北部に存在した古代の重要都市、ヘリケの善良な市民たちは、そんなポセイドンに一応の敬愛を示した。彼らはポセイドンを街の守護神に定めると、その姿を硬貨に刻み、寺院を建てて讃え、巨大な銅像まで製作した。長いひげ、威嚇的な眉、三叉の鉾と、すべてはポセイドンそっくりに作られたはずだったが、どういうわけか、この銅像を巡って問題が起きた。

理由は諸説ある。ポセイドンの求めにも関わらず、ヘリケ人がイオニア人に銅像を貸さなかったからだとも、単純に銅像の見た目をポセイドンが気に入らなかったからだともいわれている。いずれにせよ、この像が原因で、ヘリケはポセイドンの逆鱗に触れてしまったようだ。紀元前373年の冬、街は罰として一夜で破壊された。

伝説によると、その直前には、危険を知らせる合図のような出来事も起きていた。列柱が燃えたり、動物が一斉に山へ逃げたりという騒ぎがあった後、ほんの数時間で巨大地震が街を襲った。建物や通りが崩壊すると、コリント湾からは大津波が押し寄せ、たちまち

古代の都市

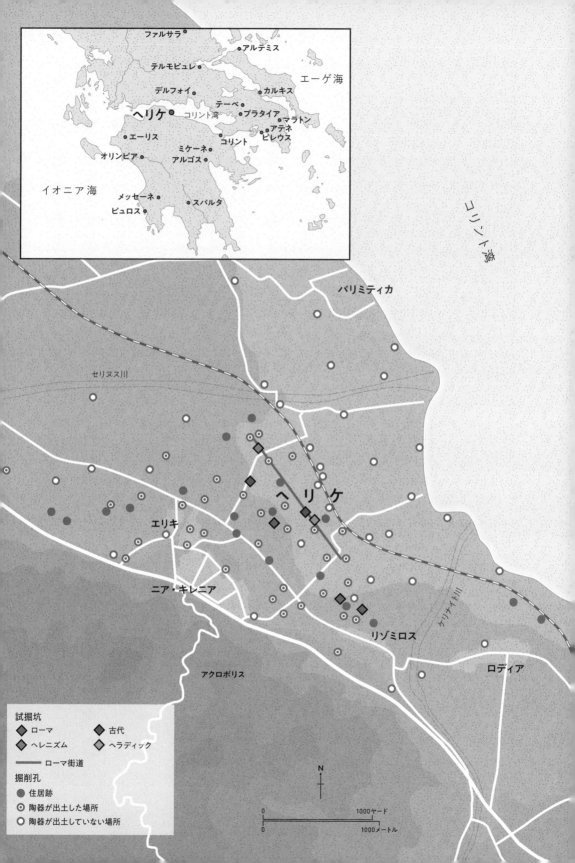

ファルサラ

アルテミス

テルモピュレ

エーゲ海

デルフォイ

カルキス

テーベ

ヘリケ
コリント湾
プラタイア

マラトン

エーリス

コリント

アテネ
ピレウス

ミケーネ

オリンピア

アルゴス

イオニア海

メッセーネ

スパルタ

ピュロス

コリント湾

バリミティカ

セリヌス川

ヘ　リ　ケ

エリキ

ニア・キレニア

リゾミロス

アクロポリス

ロディア

試掘坑

◆ ローマ　　　◆ 古代

◆ ヘレニズム　◆ ヘラディック

━━ ローマ街道

掘削孔

● 住居跡

◉ 陶器が出土した場所

○ 陶器が出土していない場所

N

0　　　　　　　　　1000ヤード

0　　　　　　　　　1000メートル

上：ウォルター・クレインが描いたイラスト。 古代神話の中には、ヘリケは海の神の怒りに触れたために消滅したと説明するものもある。

ヘリケをのみ込んだ。生存者はいなかった。それから長い間、ヘリケは海の中で眠り続けることになる。漁船がその上を航行すると必ず網が傷むため、漁師たちはポセイドンの銅像の祟りだと恐れたと、古代ギリシャの哲学者エラトステネスは書いている。

　ヘリケの遺構は海水によって次第に浸食され、同時に人々の記憶の中からも消えていった。ギリシャ帝国からローマ帝国へと権力が移る中で、その場所は何世紀にもわたって置き去りにされた。一方、海に沈んだ古代都市があるとの噂は広がり続け、いまだ見つかっていないアトランティス大陸とヘリケとの関連がいっそうささやかれるようになった。

　200年近くさまざまな憶測が飛び交った末、ついに2001年、ギリシャ西部アカイアでヘリケの遺跡が発見された。ギリ

シャ人考古学者のドーラ・カツォノプールウによる、およそ20年にわたる熱心な調査が報われた瞬間だった。カツォノプールウが1988年にいち早く指摘していた通り、実際のヘリケは沿岸ではなく内陸の街であり、コリント湾ではなく沼の下に沈んでいた。

ただし、その沼は堆積物_{たいせき}に埋もれて1000年以上前に消滅し、遺跡は泥の奥深くへと押しやられていた。水と土の中に消えていった古代都市の姿を明らかにするため、現在も泥の層をはがしながら、発掘作業が続けられている。

下：アカイアにあるエリキ村で発掘された、ヘレニズム時代の建物。染色工場として使われていたものと思われる。

ヘリケ

ペトラ

PETRA

ヨルダン

JORDAN

壮大な建造物を抱くナバテア人の都市は、
イスラム軍による蹂躙や地震などの天災を経て、
荒廃して放棄され、空き地同然となった。
その後 1000 年の間、砂漠の住民ベドウィンが
無言で通り過ぎていくだけの場所となった。

ある歴史家によれば、バビロニア人、アッシリア人、古代ギリシャ人など、古代文明を築いた民族のうち、「最も不当に忘れられてきたのはナバテア人」であるという。なぜ不当なのかは、この民族が残したペトラ（ギリシャ語で「岩」を意味する）を見ればよく分かる。ペトラは、大地溝帯の赤い砂岩の岩山をくり抜いて造られた、壮大な要塞都市だ。しかし、現在のヨルダンに位置するこのナバテアの都は、1000年近く失われたままになっていた。そして長い間、失われた当然の結果として、砂漠の蜃気楼のように謎めいた起源を持つ文明は、人々の記憶から消えていった。

ナバテア人は当初、正真正銘の遊牧民族だった。近隣民族が定住生活や農業を受け入れてしばらく経っても、ナバテアの人々はそれを拒んでいたらしい。彼らはアラブ人の一派といわれており、その起源はイエメンだとか、バーレーン東部だとか、現在のサウジアラビア北西部だとか、さまざまに説明されている。紀元前6世紀から4世紀のある時点で、ナバテア人は放浪しながら西へ移動し、シリアとエジプトの間にある北西アラビアを占領したと見られる。旧約聖書に記されている通り、ここは当時エドム人が暮らしていた場所だ。ナバテア人はこの半乾燥地域でヒツジやラクダの群れを率いながら、1世紀ほど苦しい生活を続けたとされる。普段は肉や野草、ハチミツを加えた牛乳で栄養をとっていたが、必要に迫られたときは厭わず略奪を行った。

遊牧生活が次第に困難になると、ナバテア人は商売に新たな活路を見出した。主要隊商路の交差点上にあり、新鮮な水が湧くワディ・ムーサにも近いペトラを戦略上の拠点として、芳香植物の貿易に関わるようになったのだ。彼らは、当時需要の高まっていた乳香や没薬を、北アフリカや南アラビアから地中海世界へ運んだ。さらに瀝青交易にも進出し、死海でとれた瀝青を、シナイ砂漠を経由してエジプトへ送り届けた。適応能力の高いナバテア人は、こうしていつの間にか、したたかで裕福な商人へと変貌を遂げていった。そしてまもなく、あらゆる主要な交易路の支配権を握った。

古代の都市

上：ペトラ最大の遺跡の1つ、エド・ディル（修道院）の正面を描いた1839年の絵画。

ナバテア人はそれ以外の分野でも活躍し、巧みな建築技師として、優れた農民として、また古代世界で最も美しい陶器を作る職人として名を馳せた。紀元前2世紀までに、彼らの王国は、北はシリア、南はアラビア、西はネゲブ、東はジャウフまで影響力を広げていく。周囲を岩山と半乾燥の砂漠に囲まれた首都ペトラは、新鮮な水を大量に引き入れたことでオアシス都市として栄え、名実ともに中東の商業の中心地となった。古代ギリシャ時代の後期、ギリシャの使節がペトラを訪問したという記録からも、この地が重要視されていたことが分かる。

しかし、さまざまな記録から察するに、ペトラの黄金時代が続いたのは紀元前1世紀から紀元106年頃までだった。街の繁栄はビザンチン時代を通して保たれたものの、最後のナバテア王ラベル2世が106年に死去すると、その領土はローマ帝国に平和的に併合された。

ペトラへ入る場合、山間にできた天然の裂け目、すなわちシークと呼ばれる曲がりくねった道を進むのが一般的だ。かつては難攻不落であったに違いない、バラ色の崖に守られたこの場所に、街の栄光は秘められている。ひとたび内部に入ると、訪問者の前にたちまち壮大な眺めが広がる。そこに立つのは、岩を精巧に彫って造られたエル・カズネだ。「宝物殿」の名を持つこの巨大な建物は、実際には王家の墳墓であった可能性が高く、アレタス4世の長い治世（紀元前9〜紀元40年）の間に築かれたものと思われる。

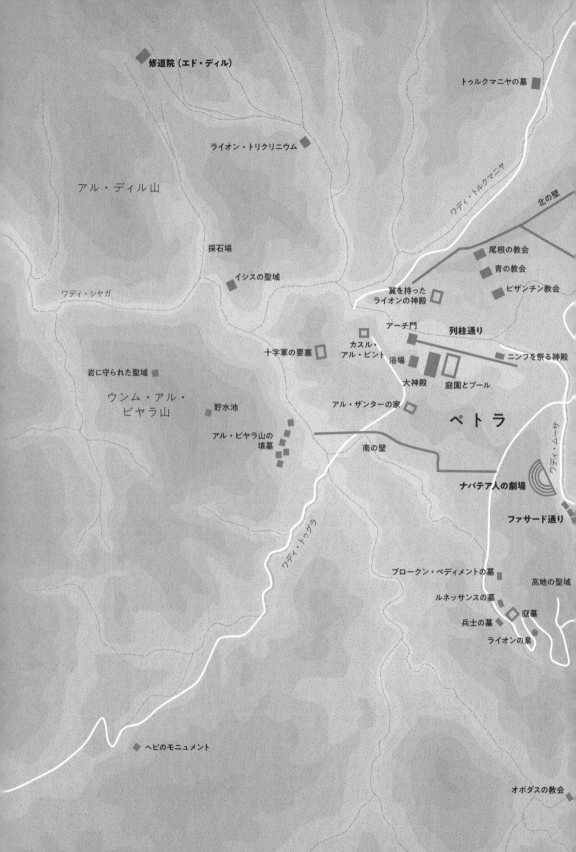

修道院（エド・ディル）

トゥルクマニヤの墓

ライオン・トリクリニウム

アル・ディル山

北の壁

採石場

尾根の教会

青の教会

ビザンチン教会

イシスの聖域

ワディ・シヤガ

翼を持った
ライオンの神殿

アーチ門

列柱通り

ニンフを祭る神殿

十字軍の要塞

カスル・
アル・ビント

浴場

岩に守られた聖域

大神殿

庭園とプール

ウンム・アル・
ビヤラ山

貯水池

アル・ザンターの家

ペトラ

アル・ビヤラ山の
墳墓

南の壁

ナバテア人の劇場

ワディ・トゥグラ

ファサード通り

ブロークン・ペディメントの墓

高地の聖域

ルネッサンスの墓

庭墓

兵士の墓

ライオンの泉

ヘビのモニュメント

オボダスの教会

上：古代遺跡を守る岩壁の間を、曲がりくねったシークが続く。

右ページ：シークから垣間見える、エル・カズネ（宝物殿）の正面装飾。

アレタスの時代には大規模な工事がたびたび行われ、宝物殿以外にも、行進用の通路、寺院、宮殿、個人の住宅などが完成した。建物の多くは東洋の様式と装飾をユニークかつ魅力的に取り入れ、プトレマイオス朝エジプトの影響を細部に漂わせているが、街の設計の大部分は古典的なグレコ・ローマン様式を踏襲している。つまり、中心に居住域となるポリスがあり、その外側に丘陵地帯のアクロポリスがある。さらにその外側は、墓所や宗教施設が環状に並ぶネクロポリスとなっている。

紀元636年、イスラム軍はビザンツ属州のシリア、パレスチナ、レバノンを征服し、次いでバグダードをムスリム世界の新たな首都に定めた。重要都市だったペトラも、おそらくはそうした流れの中で破壊されたのだろ

う。ただし考古学調査の結果、建物には地震などの天災による損傷の痕も確認されているそうだ。近接するアジュルン山の頂上に十字軍が要塞を築いた以外、空き地同然になっていたペトラは、やがて荒廃して放棄される。それからおよそ1000年間、ここはベドウィンが無言で通り過ぎていくだけの場所になった。

19世紀初頭、ペトラはヨハン・ルートビヒ・ブルクハルトの尽力によって再発見された。ブルクハルトは、フランス軍に従軍していたスイス人大佐を父に持つ旅行家だ。その功績を讃えた年代記によれば、彼は短い生涯の大半を費やし、「ムスリムになりすまして中近東を見事に探検した」とされる。正式な改宗はしていないはずだが、死後はイブラヒム・イブン＝アブダッラーとして、カイロにある

ムスリム墓地に埋葬された。この名前は、周囲に怪しまれることなく旅を続けるため、ブルクハルト自身が変装した際に名乗っていたものだ。ジョセフ・バンクスが設立したアフリカ協会の支援のもと、ブルクハルトは命の危険を顧みず、献身的かつ情熱的に探検を行った。

旅に先立ってアラビア語とコーランを学ぶと、彼はシリアでラクダの隊商に加わり、アレッポへ向かった。そこから極めて危険な地

域にも足を伸ばし、内陸にある古代都市パルミラの遺跡や、その南のダマスカス、さらにトリポリやレバノンなど、聖書に登場する地を訪ねた。あるとき、モアブ（ヨルダン）のゆるやかな丘陵地帯を歩いていたブルクハルトは、興味深い話を耳にする。近くにある山の懐に、伝説の都市が眠っているというのだ。ブルクハルトはそれを、はるか昔に消えた幻の都市ペトラのことだと確信する。1812年、彼は預言者アロンの墓に犠牲を捧げるとの口実を使い、ペトラへ足を踏み入れた。そばでは警戒心の強い現地のガイドが監視の目を光らせていたが、ブルクハルトは街の構造や位置関係を簡単にスケッチすることにも成功した。

　以降5年間でアビシニア（エチオピア）、スーダン、ジッダ、エジプトを意欲的に訪問した後、ブルクハルトは赤痢にかかり、1817年10月17日に亡くなった。わずか33歳だった。たいていは極秘の状況下で、正体がばれないよう注意しながら書きつづられた彼の遠征日誌は、死後に出版されている。だが、これらの書物を通してペトラの再発見が公になる以前から、ブルクハルトの噂や彼の計画は、中近東を冒険するヨーロッパ人の間に広まっていた。

　そして1818年、ブルクハルトに続くヨーロッパ人がペトラに到着する。古代の遺物を求めて今回やって来たのは、経験豊富なイギリス人学者のグループだった。ウィリアム・ジョン・バンクス、トーマス・レグ、C・L・イルビー、J・マングルをはじめとする一行は、もはや身分を隠さずとも安全に旅行ができた。そればかりか、ブルクハルトのたどった道のりを案内され、馬、使用人、銃、食糧、金貨をたっぷり授けられ、ベドウィンの騎馬隊の先導と、地元長老の歓迎まで受けた。

　学者たちは2日かけて遺跡を調査し、結果を1万語の報告書にまとめた。何世紀も打ち捨てられていたペトラの姿は、バンクスによる大量のスケッチにも残されている。しかし、これらの貴重なスケッチは、ドーセット州キングストンレイシーにあるバンクス家の戸棚に、どういうわけかしばらく放置されていた。ようやく公開されたのは、1981年のことである。

　真の意味で「ペトラ・ブーム」の火付け役となったのは、フランスの考古学者兼探検家のレオン・ド・ラボルドと、後にスエズ運河の立案者となるルイ・リナント・デ・ベレフォンズだ。彼らは1828年にペトラ遠征を成功させると、その記録を『アラビアのペトラを巡る旅』という本にまとめ、1830年にフランスで出版する。そこに掲載された約20の豪華な図版は、一般の読者に新鮮な驚きを与えた。同書はすぐに英語にも翻訳され、1836年には図版の少ない廉価

版も製作されている。ペトラがロマンに満ちた霊的巡礼の地として、ビクトリア朝時代の人々、特にイギリスやアメリカから聖地へ出かけようとする人々に認識されるようになったのは、この1冊の本のおかげなのだ。

　20世紀には、考古学チームによる詳細な科学調査が行われ、ペトラの遺跡内で619の石窟墓と、多数の控えの間、住居や文化活動に使われていたと思しき複数の部屋が見つかった。そして、同様の発見は今なお続いている。ペトラは立地の都合上、これまで何十年間も政治的・宗教的トラブルに巻き込まれてきた。しかし、この場所が魅力あふれる「バラ色の古代都市」であることは、永遠に変わらない事実だ。

下：小高い丘の中に隠された修道院。宝物殿と設計は似ているが、こちらの方がはるかに巨大だ。

ティムガッド

TIMGAD

アルジェリア

ALGERIA

古代ローマ時代、アフリカ北部にはいくつもの
植民都市が建造された。その一つ、ティムガッドでは
数百年にわたり人々が自由を謳歌していたが、
先住民族やアラブ人による侵略を受け、
砂の下へ沈んでいった。

アフリカ北東部は、ローマ人によって600年以上支配されていた。しかしローマ人もまた、アフリカ出身のセプティミウス・セウェルスと彼の子孫によって、帝国の支配権を奪われていた時期がある。セウェルスはリビア生まれの皇帝で、後にスコットランド遠征を試みたことで知られている。アフリカ属州には兵士、法律家、元老院議員、思想家などの人材が揃っており、初期キリスト教の神学者アウグスティヌスもその1人だった。

古代ローマ時代のアフリカを研究するスーザン・レイブンは、こう書いている。「ローマの全植民地の中で、ある意味最もローマ化されていたのはアフリカだった。だからこそ、帝国の運命に影響を及ぼしたのである」。その時代、わずか60の都市しか持たなかったガリアに比べて、同じくローマの領地である北アフリカは、決して広くない面積（2万6250ha）に600以上の都市を抱えていた。そのうちの1つであるティムガッド（タムガディ）は、充実したローマ植民都市の遺跡として、今なお現地に残されている。気まぐれな神々によってサハラ砂漠の下に眠らされていたこともあり、この壮大な遺跡は、奇跡的に保存状態が良いまま保たれた。

オーレス山地の北の斜面に広がるティムガッドは、トラヤヌス帝の命によって建てられた、軍事要塞用の植民都市だった。何もない状態から（ラテン語でいう「エクス・ニヒロ」）設計され、紀元100年に、一定の正確さをもって建設されている。主な住民は、第三アウグストゥス軍団の退役兵だった。帝国の最南端に位置したこの街は、戦略上の要地としてだけでなく、畜産目的でも利用された。完ぺきな碁盤の目状に整備されていたティムガッドは、幹線道路が南へ延長されるのに伴い、当初の区域を越えて拡張されることになる。ティム・コーネルとジョン・マシューズが『古代のローマ』で述べている通り、これは「軍事計画者による設計をわざわざ台無しにする行為」だった。

城壁の外には、主要公共施設や豪華な住宅が次々と建設された。寺院、練兵場、劇場、トラヤヌス帝の凱旋門などがその例だが、中でも特徴的なのは図書館と14の共同浴場だろ

古代の都市

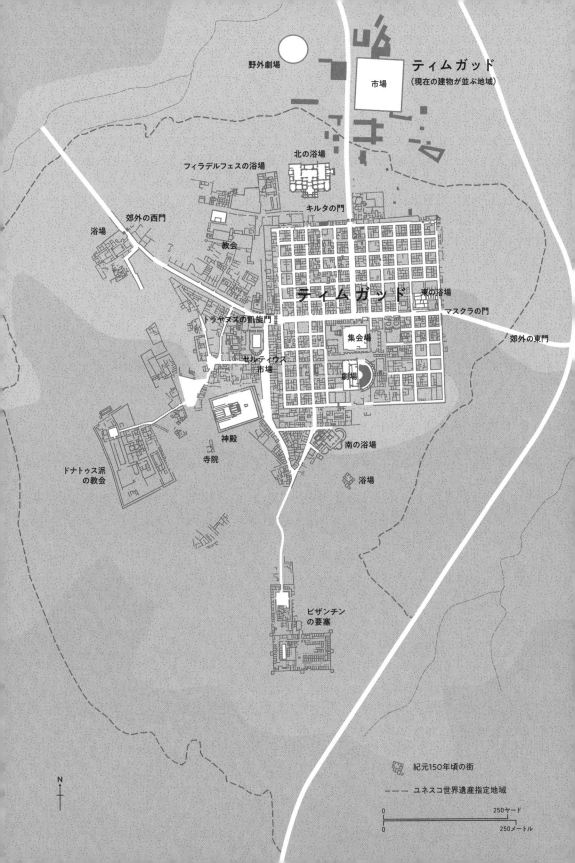

野外劇場

市場

ティムガッド
（現在の建物が並ぶ地域）

北の浴場

フィラデルフェスの浴場

キルタの門

郊外の西門

浴場

教会

ティムガッド

東の浴場

マスクラの門

トラヤヌスの凱旋門

郊外の東門

セルティウス
市場

集会場

劇場

神殿

寺院

南の浴場

浴場

ドナトゥス派
の教会

ビザンチン
の要塞

N

紀元150年頃の街

ユネスコ世界遺産指定地域

0   250ヤード

0   250メートル

う。特に多数の浴場が造られたことは、この
ローマからの「輸入品」がアフリカで人気を
得ていた証だった。共同浴場が集会場や元老
院議事堂と並び、ローマの大植民地での生活
に欠かせない施設であったことは間違いない
（ティムガッドの集会場の外には、「狩をし
て、風呂に入り、遊び、笑う。これぞ人生だ」
と落書きされた敷石が残されている。どう
やらここに暮らしていた人々は、自由を謳歌し
ていたようだ）。

　4世紀になると、ティムガッドにはドナトゥ
ス派のバシリカや多くの教会も建てられた。
だがそれから数世紀のうちに、街はオーレス
山の先住民族に攻撃されて大きく傾き、さら
にアラブ人の侵略を受けて没落する。7世紀
には完全に無人となり、そのまま時の流れと
ともに砂の下へ沈んでいった。ティムガッド
が再び取り戻されたのは、それから1000年近
く経ってからのことである。1881年、フラン
スの建築家兼考古学者であるアルベール・バ
リューによって、都市の一部が発掘されたの
だ。

右：1910年頃のポストカード。
1881年に発掘された遺跡が描
かれている。

下：典型的な古代ローマの都市
として、 ティムガッドは碁盤の
目状に設計された。

RUINES ROMAINES de TIMGAD. — Voie du Decumanus Maximus   Collections ND Phot

アレクサンドリア

ALEXANDRIA

エジプト

EGYPT

古代世界最大の図書館とファロス島の大灯台を持ち、
エジプトの王宮も抱えていた大都市は、
大地震による地盤沈下で海底に沈むという
すさまじく劇的な最後を遂げた。
その詳細は今も分かっていない。

知性とは光である。したがって物知りな人は、光で照らす人、すなわち啓蒙する人と見なされる。面白い人の対極にあるのが「冴えない」人であり、「ぼんくら」という表現は知性の低さをやゆするために使われる。意見や考えを（そして時にののしりを）交わすことを「議論する（アーギュメント）」というが、このアーギュメントもアルグロス、すなわち「白く光る」という古代ギリシャ語に語源を持つ。アルグロスは、銀を表すアージェントに変化し、このアージェントが由来となって、「銀の土地」を意味するアルゼンチンという地名が生まれた。

しかし古代にあった場所の中には、物理的にも比喩的にも、二重の意味で「光」に恵まれた都市が存在する。その都市がアレクサンドリアだ。アレクサンドリアには、世界七不思議の1つとして有名なファロスの灯台だけでなく、あらゆる著名な文学書、科学書、数学書、哲学書を収めた巨大図書館があった。膨大な蔵書の中にはプラトンやアリストテレスの作品も含まれ、これらはムセイオンと呼ばれる研究所に集う、エリート層の学者に

よって閲覧されていた。ちなみにムセイオンという名は、芸術と科学をつかさどるギリシャ神話の9人の女神にちなんでいる。

このような大都市に成長する数世紀前まで、アレクサンドリアはラコティスと呼ばれていた。そこはナイル川デルタの西端に位置する、小さく質素な漁村だった。エジプト北東部の海岸上で、マイオレット湖と地中海に挟まれていたラコティスは、エーゲ海の端にあるロードス島から直接船を迎えることができた。つまり、ロードス島経由でギリシャに直結しているため、ラコティスは将来の繁栄が大いに見込まれていたわけだ。紀元前332〜331年、アレクサンダー大王はエジプトを征服すると、メンフィスでファラオの座に就いた。メンフィスは当時のエジプトの首都であり、ギザの南、ナイル川の河口付近に位置していた。しかし、アレクサンダーは残りの領土により近い場所に拠点を置くことを望み、自身の名を冠した新たな都市、すなわちアレクサンドリアをラコティスに築いた。

彼の墓の正確な場所や、遺品の所在は今も論争の的になっているが（遺体はハチミツ漬

古代の都市

64

けの状態で、黄金の棺に納められているとの噂だ）、大王の最終的な埋葬先がアレクサンドリアになった可能性は高い。現在最も広く支持されている説によると、大王の葬列は当初、バビロンからマケドニアに向かう予定になっていた。ところが、プトレマイオス1世ソーテールがその進路を無理やり変えさせ、亡きがらは結局エジプトへ運ばれたという。

マケドニアの将軍プトレマイオス1世ソーテールは、アレクサンダーの有力な部下の1人であり、エジプトの総督でもあった。大王が子どもを持たないまま亡くなり、その後すぐ帝国が分裂したことで生じた権力の空白を、プトレマイオスは巧みに利用する。不正な手を使ったとはいえ、プトレマイオスがアレクサンダーの遺体を保有していたことは、後継者として承認を受けたという確かな印のようなものだった。これにより、紀元前306年にプトレマイオスはエジプト王となり、近隣の領土もすべて手に入れた。正当に得た権利ではなかったが、それでもプトレマイオスの王朝は、その後300年にわたってエジプトを支配する。政治的にも文化的にも比較的安定しており、また芸術や科学を手厚く保護したという点で、これはほぼ前例のない王朝だった。終わりを迎えたのは紀元前30年、最後の支配者であるクレオパトラ7世が自害したときである。

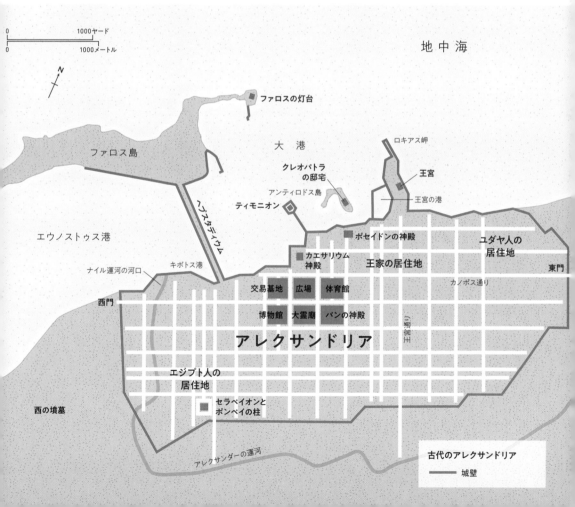

0　　　　　1000ヤード
0　　　　　1000メートル

地中海

ファロスの灯台

大　港

ロキアス岬

ファロス島

クレオパトラの邸宅

王宮

アンティロドス島

王宮の港

ティモニオン

エウノストゥス港

ヘプタスタディオン

ポセイドンの神殿

ユダヤ人の居住地

ナイル運河の河口

キボトス港

カエサリウム神殿

王家の居住地

東門

西門

カノポス通り

交易基地　広場　体育館

王宮通り

博物館　大霊廟　パンの神殿

アレクサンドリア

エジプト人の居住地

西の墳墓

セラペイオンとポンペイの柱

アレクサンダーの運河

古代のアレクサンドリア
―――　城壁

上：かつてアレクサンドリアの港に
船を導いていた灯台。今は失われ
たその灯台は、古代世界の不思議
の1つに数えられている。

　プトレマイオスが初期に下した最も大きな決断は、紀元
前313年に、エジプトの王宮を（おそらくアレクサンダー
の墓と一緒に）メンフィスからアレクサンドリアへ移した
ことだ。その結果、メンフィスは重要性を失って衰退し、
アレクサンドリアは代々にわたる王の支援を受けて、古代
ギリシャ世界における有力な都市に成長した。地中海に面
しているという立地的特徴や、碁盤の目状に設計された街
並みも含めて、アレクサンドリアはさながら「エジプトに
あるギリシャ都市」だった。

　街に造られた王墓の中心には、アレクサンダーの石棺が
鎮座していたといわれる。アレクサンドリアには大きな港
が2つあり、地中海だけでなく、紅海からやってくる船と
も取引を行った。当時の都市としては最大となる10万人以
上の人口を誇り、国際色も非常に豊かだった。上流階級に
当たるギリシャ系マケドニア人、地元民のエジプト人とユ
ダヤ人はそれぞれ別の地域で暮らしていたが、この寛容
な大都市では誰もが日常的な制約を受けることなく、自身
の信念や宗教的伝統に則って生活できたようだ。

　アレクサンドリアの沖合にある有名なファロス島の灯台

は、船の道しるべとして建てられた世界初の構造物だと考えられている。プトレマイオス1世の命により、紀元前3世紀初頭に完成したこの灯台は、600年以上も目印として港の入り口に立ち続けた。街を代表する存在であったことから、その姿はコインやモザイク画にも表現されている。だが、古代ギリシャ時代の後期に入ると、この見事なランドマークへの言及は、まったく見られなくなる。何らかの大きな自然災害が原因で倒壊したようだが、詳細ははっきりせず、遺物も見つかっていない。

プトレマイオスがアレクサンドリアに導入したもう1つの画期的な設備、すなわち図書館も、その最期は謎に包まれたままだ。自らが建てた首都に地中海世界の知を結集しようと熱心だったマケドニア人のファラオは、アテナイ人であるファレロンのデメトリオスを招請し、王立図書館とムセイオンの設立を手伝わせた。完成した図書館に通った人物の中には、「幾何学の創始者」として有名なユークリッドがいる。詩人、批評家として活躍し、地図作成の先駆者として地球の大きさを測ろうと試みたエラトステネスは、一時期ここで館長を務めていた。シラクサ出身の思想家であるアルキメデスも、アレクサンドリア図書館から支援を受けて、とりわけ革新的なねじ式揚水装置を発明した。彼の出版物のうち何

左：アレクサンドリアの東湾の海底から
発見された2体の像。

下：現在の東湾に立つカイトベイ要塞。
アレクサンドリアの灯台は、ここにあっ
た。

冊かは、同館の司書たちに捧げられている。

　紀元前47年、アレクサンドリアはユリウス・カエサルの攻撃を受けた。このときに図書館も火を放たれたのではないかというのが長年の定説だったが、現在その信ぴょう性は揺らいでいる。

　ハドリアヌス帝の治世後期に、アレクサンドリアで執筆を行った天文学者のクラウディオス・プトレマイオスは、図書館の古い書物を何冊も利用し、自身の幾何学や著書アルマゲストの研究に役立てていたようだ。これほどの知の殿堂だったにもかかわらず、その建物も蔵書の行方も、いまだに分からないというのは、大いなる皮肉としか、いいようがない。ほぼ網羅されていたというアリストテレスの作品も、永久に失われてしまった。ただし2004年には、かつてのアレクサンドリアの中心地で発掘調査が行われ、2000年ほど前のものと見られる講堂が見つかった。これは、図書館の一部ではないかと考えられている。

　図書館の（そして灯台の）結末はどうあれ、エジプトがローマの一属州であった数世紀の間、アレクサンドリアは常に重要な場所だった。キリスト教が到来し、街の守護神であったセラピスを祭る神殿が破壊されても、その事実は揺らがなかった。しかし紀元365年、ついに街が持ちこたえられなくなる時がきた。大地震により、最大の宮殿の真下で地盤沈下が起こると、古代都市アレクサンドリアの大半は永久に海の中へ沈んでしまった。

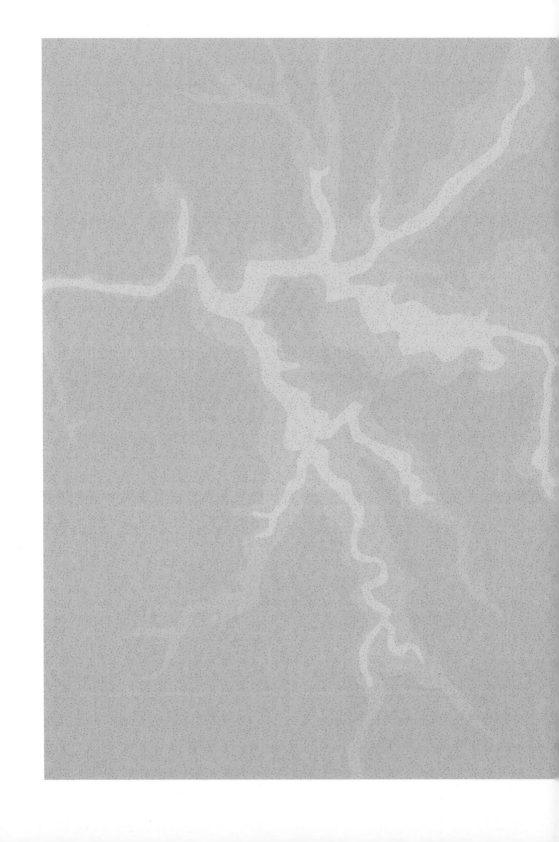

FORGOTTEN LANDS

忘れ去られた土地

チャン・チャン

CHAN CHAN

ペルー

PERU

ヨーロッパ人到達以前のアメリカ大陸で最大の都市が
ペルーのチャン・チャンだった。
だがインカ反乱軍の侵略により人々が去り、
スペイン人征服者による略奪で街が破壊された。
さらに雨による浸食が追い打ちをかけている。

チャン・チャンが誕生したいきさつは、こんな風にいい伝えられている。あるとき、1人の男がペルー北東部のトルヒーリョ沿岸へたどり着いた。神のみぞ知る場所からやって来た男（あるいは彼自身が神だったのかもしれない）は、威厳に満ち、それまで誰も見たことのない葦舟に乗っていた。「海の向こう側から」現れたこの男は、名前をタカイナモといった。知恵と知識を備えたタカイナモは、太平洋岸の端に位置するトルヒーリョで、芸術、農業、灌漑、建築、法と秩序、都市計画について教えを施し、人々の尊敬を集めた。住民にとって、タカイナモから授けられる素晴らしい知恵は、のどから手が出るほど欲しいものだった。

この辺り一帯において、タカイナモは単なる専門家以上の存在となった。彼は貴重な知恵を気前よく分け与えたが、その代わりに自身への熱烈な崇拝を人々に求めた。タカイナモが定める絶対的な規則を守り、彼を頂点とする確固とした階層社会を受け入れるよう要求したのだ。

こうした厳格な秩序は、モチェ谷の河口で勃興したチムー文明の大きな特徴となる。まもなくこの文明は拡大し、エクアドル南部からペルー中央部まで、1000km 近い範囲を支配した。階層制による身分の区別は、チムー王国の創世神話にも織り込まれている。その神話によれば、太陽神は土地を誕生させた後、まるで冶金師のように、スポーツのメダル同様に色分けされた金、銀、銅の卵を創造した。すると、それら3種の卵から、それぞれ人間が生まれたのだという。この神話の内容は、タカイナモが建てたとされる大首都チャン・チャンの設計にも、はっきりと目に見える形で反映されている。

タカイナモについては、戦に敗れて元の王国を追われた君主であるとか、忠実な支援者とともに再起をかけてペルーへやって来たのだとか、いくつかの複雑な伝説も残されている。だが、タカイナモが実在しようとしまいと、チャン・チャンはヨーロッパ人到来以前のアメリカで最大の都市となり、全体が日干しれんがで造られた都市として類を見ない広さを誇った。紀元850年頃に建設されたチャン・チャンは、あらゆる意味で規格外だった。

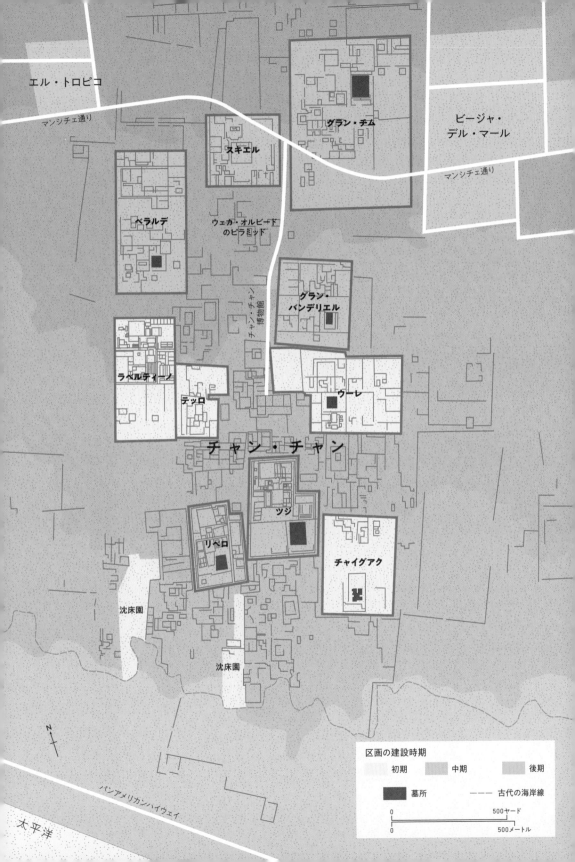

エル・トロピコ

マンシチェ通り

ビージャ・
デル・マール

グラン・チム

スキエル

マンシチェ通り

ベラルデ

ウェカ・オルビード
のピラミッド

グラン・
バンデリエル

チ
ャ
ン
・
チ
ャ
ン
博
物
館

ラベルティーノ

ウーレ

テッロ

チャン・チャン

ツジ

リベロ

チャイグアク

沈床園

沈床園

N

区画の建設時期

初期　　　　　　中期　　　　　　後期

墓所　　　　古代の海岸線

0　　　　　　　　　　500ヤード

0　　　　　　　　　　500メートル

パンアメリカンハイウェイ

太平洋

この土造りの首都は、最終的に支配した20km²近くの範囲に、自治権のある9つの（一説には10ともいわれる）区画を持っていた。それぞれの区画には王宮、帯状装飾された寺院、二重の壁で囲まれた中庭、広場、集会場がある。また、司祭、廷臣、奴隷、衛兵などの身分に応じて（不平等に）分けられた、市民の居住地も設けられていた。区画を仕切る厚い壁の外側は、サービス業や工業の複合地帯となっており、工房、庭園、農場などがいくつも立ち並んだ。規模や人々の服装には違いがあるものの、そこは先コロンブス期アメリカ版「ダウントン・アビー」の世界といってもよいだろう。チャン・チャンには少なくとも3万人の人口がいたが、都の華やかさに魅了された人々が移り住み、その数は6万人近くに増えたと示唆されている。海峡、運河、井戸を利用した灌漑システムによって街には絶えず水が引かれており、実際にその先進性から、チムーは「新世界に初めて登場した真の技術社会」とユネスコに認定された。

　しかし、このような先進技術を持ってしても、1470年頃にペルー北部を侵略したインカ反乱軍の勢いは止められなかった。チャン・チャンは陥落し、略奪された上で部分的に破壊されてしまう。そしてまもなく、致命的な打撃がチムー王国を襲った。スペイン人征服者のフランシスコ・ピサロが1532年にチャン・チャンへ達したとき、街はほぼ放棄された状態だった。しかし、残存する建物の多くは金や銀で美しく飾られたままだったため、征服者はこれらの装飾品をたちまち持ち去った。他に貴重な品があるとすれば、それはチムーにとって最も大切な場所に埋められているに違いない――そう考えたスペイン人たちは、街全体を破壊しながら、墓所の棺や内壁、通路に隠されたあらゆる貴金属を探し出した。そうして見つけたものをすべて奪い取ると、彼らはチャン・チャンを打ち捨てた。街は雨や風に打たれるままになり、土造りの建物は無情にも崩れていった。

　1986年、チャン・チャンはユネスコが指定する世界の危機遺産リストに登録された。以降、大規模な保護事業が進められているにもかかわらず、状況は悪化し続けている。残念ながら近年は老朽化が速まる一方であり、2007年のユネスコの評価によると、侵食は現時点で「急速に進み、止めることはおそらく不可能なのではないか」という。増加する雨量と、頻度が高まるエルニーニョ現象（チャン・チャンの建設当時は20年から50年周期だったが、現在は恐るべき頻度でペルー全体を襲っている）は、ゆっくりと、しかし確実に都市を押し流しつつあるのだ。

右：チャン・チャンの遺跡博物館に展示されている像。

下：チャン・チャンの遺跡は、壁に囲まれたいくつもの区画から成り立っている。

忘れ去られた土地

ロアノーク

ROANOKE

カリフォルニア北部、アメリカ　NORTH CAROLINA, USA

ロアノーク植民地が実在していたことは間違いない。
イギリスが新大陸に初めて建設した植民地だったが、
先住民とのあつれきにより住民が姿を消し、
100人を超える人々の消息が途絶えてしまった。
その場所も今では海面下に沈んでいる。

ロアノーク島を開拓したのは、芸術家であり地図作成者でもあったジョン・ホワイト総督だ。ホワイトが現地の様子を詳細に描いた水彩画があるので、この島を見つけるのは難しくないと思われるかもしれない。しかし、イギリスが北アメリカ大陸に築いた初の本格的な植民地であるロアノークは、今もその正確な場所が特定されていない。さらに大きな謎は、島の住民たちの1587年以降の足どりだ。これまで4世紀以上も憶測が重ねられてきたが、解明に近づいている気配は感じられない。

ロアノークの物語が幕を開けるのは、1577年のことである。この年、イギリスのサー・ハンフリー・ギルバートが、女王エリザベス1世に対し、「スペイン王を悩ませるための方法」と題された論文を提出した。後にロアノーク植民地を築いたサー・ウォルター・ローリーの異母兄弟に当たるギルバートは、議員、軍人、アイルランドへの暴力的な入植者、航海士、探検家などのさまざまな顔を持っていた。ギルバートが論文で訴えたのは、プロテスタントのイギリスが、カトリックのスペインに対し、いっそう強硬な立場をとるべきだということだった。

このイベリア国家は、エリザベス1世がローマ教皇に破門された1570年以降、イギリスにとって宗教上の敵となっていた。また、アメリカ大陸の領土から豊富な資源を得ていたスペインは、商業や航海の上でも厄介な競争相手だった。そこでギルバートは女王に、カナダ近くのニューファンドランド沖でスペイン漁船団を捕獲してはどうか、キューバを占領してはどうか、アメリカからスペインへ向かう財宝船を妨害してはどうかと次々に提案を出した。女王はそれらをほとんど却下したが、北アメリカにイギリスの植民地を作ることだけは認め、「キリスト教徒の王侯や人々に領有されていない未開の地」を探すよういい渡した。

ギルバートは善き女王ベスのために海へ出ると、苦労の末にニューファンドランド島を併合する。これは、後年のイギリス帝国成立につながる出来事として有名だが、ギルバートは祖国へ帰ることなく1583年に命を落とした。凱旋航海の途中のアゾレス沖で、船ごと

N

[ポーハタン族]

ジェームズタウン ○

バージニア植民地

チェサピーク湾

ジェームズ川

ハンプトン・ローズ

[チェサピーク族]

大西洋

メヘリン川

バック湾

パスコタンク川

[チョワノーク族]

チョワン川

[ウェアペメオク族]

[モラトク族]

アルベマール湾

ロアノーク
植民地

[マンゴアク族]

ロアノーク川

[ロアノーク族]

ピー島

ノースカロライナ植民地

[セコタン族]

マッタムスキート湖

[クロアトアン族]

パムリコ川

ハッテラス島
（旧クロアトアン島）

ヌース川

[パムリコ族]

パムリコ湾

ハッテラス岬

1585年の植民地

1590年以降に植民地と
なった可能性がある場所

[○○族] 先住民族

湿地帯

[コリー族]

0   40マイル

0   50キロ

ルックアウト岬

沈んでしまったのだ。

　植民地設立のバトンは、ギルバートから
サー・ウォルター・ローリーに託された。
1584年4月、ローリーは北大西洋沿岸を探検
させる目的で、2隻の船を派遣する。船長に
はフィリップ・アマダスとアーサー・バー
ロー、水先案内人には経験豊かなポルトガル
人のサイモン・フェルナンデスを起用した。
2隻は「アウターバンクス」と呼ばれる不安
定な砂州の間を通り抜け、7月4日に現在の
ノースカロライナ州沿岸へ達する。ここで船
員たちは錨を下ろして上陸し、一帯をイギリ
スの領地と宣言した（処女王として知られた
エリザベス1世にちなみ、この地はまもなく
「バージニア」と命名された）。

　その後、親しくなった先住民アルゴンキン
のマンテオとワンチェスを連れて帰国した彼
らは、バージニア、特にロアノークという島
の様子を興奮気味に語った。この報告によ
り、バージニアに再度7隻の船団を派遣し、
恒久的な開拓地を築くことが決定された。

　ロアノークへの入植は、1度目こそ成功し
たかのように思われた。しかし2度目はうまく
いかず、植民は長続きしなかった。原因はい
くつもあったが、船長のサー・リチャード・
グレンビルとサー・ラルフ・レインが、激し
く対立したこともその1つだった。また、入植
者たちはさまざまな物質的困難にも見舞われ
た。食糧が不足したため、連れてきた2匹の
マスチフ犬を殺して食べ、その後は「サッサ
フラスの葉のシチュー」で飢えをしのがなけ
ればならなかった。だが、何よりも彼らを悩
ませたのは、アメリカ先住民との間に流れる
不穏な空気だった。あるとき、入植者は銀の
カップを盗まれたといいがかりをつけ、報復
として先住民の村や、その年の最後に収穫さ
れたトウモロコシの大半を燃やしてしまう。
そしてこの事件をきっかけに、両者の関係は

大きく悪化していった。入植者はそこでいっ
たん見切りをつけ、15人の兵士と2年分の食
糧をロアノークに残して帰国する。そしてす
べての経緯を振り返りながら、この植民地の
未来を掌握するための計画を練り直した。

　2度目の遠征で周辺地域にも広く進出した
おかげで、現地の地理の把握はいくらか進ん
でいた。その上で検討すると、ロアノークに
恒久的な植民地を置くことが本当に得策なの
か、入植者の間で疑問が生じ始めた。島に近
い砂州の間はあまりにも狭く、大型船はそこ
を通れない。それに、適切なサイズの港を建
設するのも不可能だった。別の現実的な選択
肢として名前が挙がったのは、ロアノークの
北部にあるチェサピーク湾だった。こうして
3度目の遠征隊は、プリマスからチェサピー
クを目指し、1587年5月に出航した。

　男性ばかりだったそれまでの遠征隊とは違
い、今回の入植者は100人以上の男女で構成
されていた。性別や年齢の異なる集団を送り
込んだ背景には、アメリカに定着するのだと
いう明確な意図が読み取れる。新たな総督と
なったジョン・ホワイトは、ほぼ悲惨に終わっ
た2回目の遠征の経験者でありながら、この
植民地に大きな希望を抱いていた。そのため、
妊娠中だった自身の娘エレノアと、彼女
の夫であるアナニス・デアを説き伏せ、旅に
参加させた。

　それ以降の事実は、正確に記録されている
とはいい難い。どれも都合よく説明されてい
たり、まったく辻褄が合わなかったりして、
信頼性に欠ける。唯一確認されているのは、
1584年の遠征にも帯同した水先案内人のサイ
モン・フェルナンデスが、このときはなぜか
チェサピークへの航行を拒否し、船をロア
ノークへ導いたということだ。そこには私た
ちの知り得ない理由、または（エリザベス1
世の情報組織が絡んだ）不純で邪な動機が隠

忘れ去られた土地

上：ロアノーク島に作られた植民地を描いたイラスト。

されていたのだろうが、いずれにせよ1587年の7月22日、入植者たちはロアノークに到着した。

　入植者たちは現地であらゆる手を尽くした。険悪なままだった先住民との関係を修復し、新たに防御柵も立てた。しかし、現地に残っていたはずの15人の兵士は見当たらず、人間の骨らしきものがわずかに散乱しているだけだった。1587年8月18日、エレノア・デアに娘が生まれ、家族は大きな喜びに包まれる。アメリカで生まれた初のイギリス人となった赤ん坊は、次の日曜日に洗礼を受け、バージニアと名づけられた。この幸せな出来事によって入植者は大いに活気を取り戻したが、子どもの誕生（数日後にもう1人生まれている）を通じて、自身の弱い立場をも痛感することになる。

　養うべき人間が2人増え、気温の下がる秋と冬を目前に控えているというのに、本国からの食糧支給はすでに減り始めていた。そこで、ホワイトは大いに不本意ながら、いったん1人でイギリスへ帰ることを決意する。食糧と兵士を補給して、次の春にロアノークへ戻るつもりだった。

　1587年8月27日、ホワイトは119人の男女と子どもたちに別れを告げ、航海に出た。エレノアと生後9日のバージニアも置いていくことになったが、数カ月以内には戻れるはずだと考えていた。しかし、英西戦争などの不運が重なり、それから丸3年間イギリスを出ることができなかった。その期間、ロアノークについての情報は何も伝わってこなかった。

　ようやくロアノークの沖へ到着したホワイトは、島から立ち上る煙を遠目に見て安堵した。だが、8月18日に現地へ戻ってみると、そこはすっかり荒れ果てていた（煙は森林火

災によるものだったことが後に判明した）。
人がいた痕跡はないか、入植者の消息につ
ながる手がかりはないかとホワイトたちは探
し回ったが、それらしきものは何も発見でき
なかった。見つかったのは、木の表面に
「ローマ字で」彫りつけられた「CRO」とい
う文字と、付近の柱に大文字で刻まれた
「CROATOAN」という言葉だけだった。

　ロアノークの約80km南には、クロアトア
ン族という先住民が住む同名の島が存在し
た。したがってホワイトは、彼の帰還と必要
な物資の供給を待っていた入植者たちが、
過酷な状況に耐えきれずクロアトアン島へ
避難したのだと結論づけた。彼らは病や飢
えに苦しみながら、自分たちを追ってきてほしいという願いを込
めて、ホワイトへのメッセージを木に刻んだのだと、そう考えた。

上：ロアノーク島のラレイ
砦国立史跡では、「CRO」
の文字が木に復元されて
いる。

右：ロアノーク島フェスティ
バル公園に展示されてい
る16世紀の船のレプリカ。

しかし、ホワイトの渡航計画はまたしても頓挫する。ほどなくし
て吹き荒れた嵐により、沿岸の探索を続けられなくなったのだ。
天候がますます悪化する中、船を沈めたくなければカリブ海に戻
るべきだと船長は訴えた。結局、遠征隊は慌ただしくイギリスへ
帰国し、ホワイトはそのまま2度とアメリカを見ることはなかった。
　ロアノークの入植者に実際には何が起きたのか、それを説明す
る確かな記録は存在しない。ホワイトの帰国から約20年後、後続
のイギリス人入植者がロアノークの北岸にあるジェームズタウン
へ達したが、かつての植民地に関する情報は何も得られなかった。
生き延びた人々は「パクラカニック」や「オカナホナン」へ移り
住んだらしい、との噂をイギリスの植民請負人ジョン・スミスが
聞いているものの、これらの場所がどこなのか、定かではない（ロ
アノークの場合は、かつて植民地があったとされる島の北部が、
海面上昇により浸食されて消えてしまった。パクラカニックとオ
カナホンも、同様の理由で特定できないのだと考えられる）。
　入植者の行方については、これまで数世紀にわたり、さまざま
な仮説が流れてきた。先住民に殺害または誘拐されたのではない
か、スペインの征服者に虐殺されたのではないか、集落全体が津
波に流されたのではないかなど、悲劇的な内容が多い。より穏便
なところでは、入植者が先住民のコミュニティに吸収されたので
はないかという説、または耐航性のない小型ボートで無謀にもイ
ギリスへ戻ろうとした末、溺死したのではないかという説もある。

忘れ去られた土地

ロアノーク

バゲルハットのモスク都市

THE MOSQUE CITY OF BAGERHAT

バングラデシュ　　　　　　　　　BANGLADESH

武将、役人、学者、建築者、神秘主義者——。
多くの顔を持ち、伝説に彩られたカーン・ジャハーン・アリが
現在のバングラデシュに建設したモスク都市。
圧倒的かつストイックな気高さを放っていたが、
アリが亡くなってしばらくすると打ち捨てられた。

カーン・ジャハーン・アリは、武将であり、有能かつ慈悲深い役人だった。さらに、水文学者、モスク建築者、イスラム神秘主義者でもあった。彼にまつわる伝説は多いが、2匹のワニの背中に乗り、現在のバゲルハットへ運ばれたという話は有名だ。出自については諸説あり、「生粋のイラン人」であったとも、トルコ系ウズベク人であったとも、インド北部出身であったともいわれている。アリは1398年頃、デリーのスルタンにより、インド半島の東岸にある消滅寸前のへき地へ派遣された（大勢の随行者を伴っていたようだが、ワニも一緒だったかどうかは分からない）。ベンガル湾に注ぐガンジス川とブラマプトラ川の合流点にあるそのデルタは、一帯がマングローブの沼になっており、シュンドルボンと呼ばれていた。アリはここで2つの任務を授かった。1つはシュンドルボンを「干拓し、耕作地に変えること」であり、もう1つはこの未開の河口域にイスラムの集落を築くことだった。

トラが闊歩（かっぽ）するジャングルは、アリの手で少しずつ水田へと変えられていった。彼の人間的魅力、信仰の深さ、優れた統率力、農業や工業についての実践知識も、開拓を後押しした。アリはバイラブ川沿岸にカリファタバードという都市を築くと、橋と道路を建設した。さらに川を堤防で囲んで流れを変え、耕作用と飲料用の新鮮な水を新たな都市に引き込んだ。王の2つ目の命令と、アリ自身の厚い信仰心を反映し、カリファタバードは優雅に要塞化された。いい伝えによると、最盛期には360ものモスクが街に立ち並んでいたという（実際の数は50ほどだったと考えられている）。

「偉大なザミンダール（地主）」でありながら、非常に慎ましい人物だったアリは、いかなる王室の称号も得ようとはしなかった。晩年は「世俗的な物事」から身を引き、托鉢僧として過ごしている。1459年10月25日に亡くなると、遺体は市内にあるシングルドームのタダルガー（霊廟）に埋葬された。霊廟の建設場所は、アリ本人の希望により、タクール・リギ池という静かな池の北岸が選ばれた（最近までタクール池には高齢のワニが2匹すんでおり、それぞれ愛情と尊敬を込めてダラパ

忘れ去られた土地

ハールとカラパハールと呼ばれていた。2匹とも、かつてアリ
をこの地に運んできたワニの遠い子孫に当たるとされる。ダ
ラパハールとカラパハールは2005年と2014年に死亡したが、
以来この池には新たなワニの群れが放たれ、観光客への宣伝
に一役買っている)。

　アリが亡くなって数世紀のうちに、カリファタバード(後
のバゲルハット)は打ち捨てられた。アリとその一党が丁寧
に管理していた水田は、元のジャングルに戻り、これまで以
上にうっそうと生い茂った。アシが繁茂し、つる草が建物に
巻きついて、都市全体を窒息させた。湖や池の周囲には、コ
ケ、藻、ヤシがはびこった。

　そのまま活動を止めていた都市は、1890年代に調査され、
長い眠りから目を覚ました。20世紀初頭には、古いイスラム
教の寺院やれんが造りのモスクなど、地域の中で最も貴重な
建物を復元する作業が開始された。建物の多くは現在もひど
く荒廃したままだが、ジュート畑や竹林といった周囲の景観
の中では、どこかロマンチックにも見える。あるガイドブッ

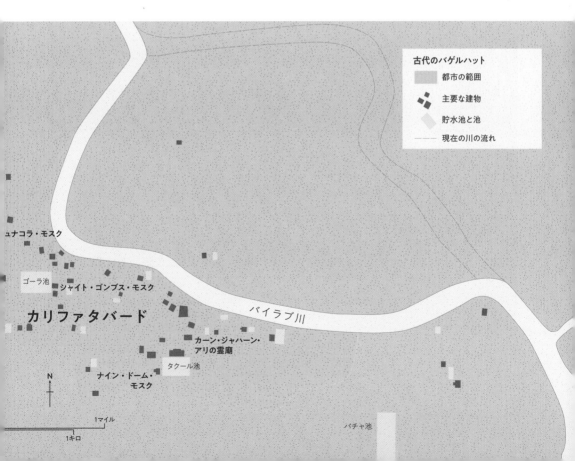

クの言葉を借りれば、チュナコラ・モスクは「地域の厳しい
気候によって激しく損傷している」が、その絵のような美し
さは誰の目にも明らかだ。

　ナイン・ドーム・モスク、シャイト・ゴンブス・モスク（60
のドームまたは柱を持つモスク）、カーン・ジャハーン・アリ
の霊廟などは広範囲が修復され、圧倒的な気高さを取り戻し
た。しかし、長年放置されたことで露出した建物の元の姿や、
朽ちていく美しさも、その魅力であることは間違いない。む
き出しになったれんがの壁や壮大なドームは、年月を経てま
すます風格を増している。

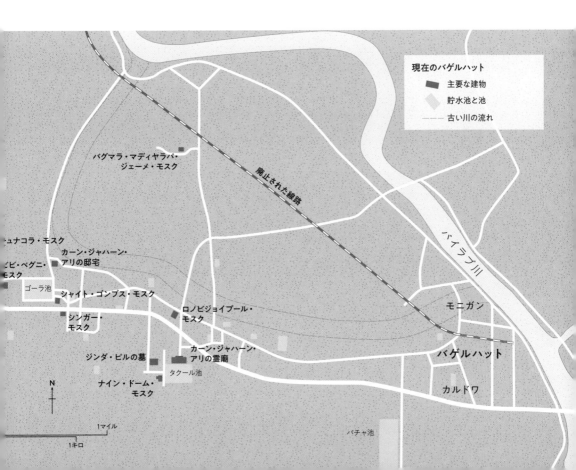

フリート川

RIVER FLEET

ロンドン、イギリス

LONDON, UK

かつて釣り人で賑わっていたフリート川に
汚物が流され、悪臭を漂わせるようになる。
人口の増加に伴いゴミは増え続け、
やがてボートも航行できなくなってしまう。
今では暗渠となり、下水道として使われるに至る。

ロンドンのケンティッシュ・タウンの大通りをそれた先に、アングラーズ・レーンという小さな路地がある。100年以上の間、ヨーロッパ最大の義歯工房があったことで知られる場所だ。今なお通りの一角を占める赤いれんが造りの建物は、ずいぶん前にアパートへ改装されたが、1840年から1965年までは「義歯メーカー」のクラウディウス・アッシュ社に使用されていた。銀細工師だったアッシュは当初、歯を失った富裕層のために金属で入れ歯を作っていた。後に鉱物製の入れ歯を開発したが、こちらは金属製のものより安価で、衛生面からいっても、木製の入れ歯や、本物の歯（生者と死者両方から引き抜いていた）を使った入れ歯に比べて優れていた。

しかし、アングラーズ・レーンという名前は義歯工房ではなく、「釣り人」に由来する。ビクトリア時代にれんが造りの建物が建てられ、道が舗装され、鉄の水道管が整備されるまで、このロンドン北西部の地域は、釣りを楽しむ人々の溜まり場だった。ここを流れていたフリート川は、ハムステッドにあった蚊の多い沼を源流とし、ほとんどが田園地帯だったケンティッシュ・タウンを下降して、カムデン・タウン、キングス・クロス、クラーケンウェルを順に通過した後、最後にブラックフライアーズでテムズ川に合流する。新鮮な水と魚に恵まれた当時のフリート川には、釣り人たちが集まり、竿を振るった。

「船団」を表す fleet（フリート）という英語は、「浮く、泳ぐ」を意味する古英語の flēotan（フレオタン）に由来する。しかしアングロ・サクソン人の間では、フリートとは、潮汐溝または潮流口のことだった。したがって歴史的にいえば、本来の「フリート」に当たるのはフリート川の河口付近だけということになる。上流部はホールボーンまたはホルボーン（文字通り、「窪地の小川」という意味）、ウェルズ川、ターンミル・ブルックなどと呼ばれていた。ターンミル・ブルックという名前は、13世紀頃、この流域に4つほどあった水力製粉所の名残をとどめるものだ。

当時からフリート川は、下水溝同然の扱いを受けていた。川の水はすでに汚染されていたため、1236年、ヘンリー3世はウェストミ

フリート川（地下河川）

0   1000ヤード
0   1000メートル

ハイゲート

ハムステッド・
ヒース

ハイゲート墓地

ハイゲート池

ホロウェイ

ハムステッド池

パーラメント・
ヒル

ハムステッド

ケンティッシュ・
タウン

ベルサイズ・
パーク

ロ ン ド ン

カムデン・
タウン

プリムローズ・ヒル

リージェンツ運河

イズリントン

リージェンツ・
パーク

キングス・
クロス駅

セント・
パンクラス駅

ユーストン駅

クラーケンウェル

パディントン駅

ブルームズベリー

フィッツロビア

メリルボーン

ソーホー

ブラックフライアーズ橋

N

ハイド・パーク

メイフェア

チャリング・クロス駅

テ ム ズ 川

上：地上にあった頃のフリート川は、ブライドウェル宮殿の前を流れていた。

ンスターを流れるタイバーン川から水を引くことをロンドン市民に許可する。そうして鉛管を通して運ばれた水が、「庶民の飲料水」になった。1290年、フリート川河口部の西岸に建っていたカルメル会の修道院が、川の悪臭に関する苦情を申し立てた。鼻をつくそのにおいは、修道士がどれほど強い香をたいてもごまかせなかったという。以降も事態は改善するどころか、悪化する一方だった。1343年には、ニューゲート通りの食肉業者が許可を受け、フリート川の埠頭（ふとう）の1カ所で内臓を抜く作業を始めた。また同時期には、川岸に多くのなめし皮工場が開かれ、その潮水が動物の皮の処理に使われた。

　フリート川にはありとあらゆる汚物が漂っていたが、その川面では小さなボートが忙しく行き交い、テムズ川から上流へ品物や乗客を運んでいた。13世紀の文書によると、中世には石造物が川をさかのぼって運ばれ、セント・ポール大聖堂の建設に利用されたとのことだ。同様に、施しや治療を必要としているものの、歩行が困難な人々はセント・バーソロミュー・ザ・グレート教会の玄関先へ、トウモロコシや干し草は併設の病院へ送られた。

忘れ去られた土地

川と同じ名前のフリート刑務所にはワインが運ばれたが、この厳しい債務者刑務所は、1381年に起きたワット・タイラーの乱と、1780年に起きたゴードン暴動により破壊されている。1418年には、ホルボーンの道路を舗装するための石材や、カキやニシンなどの食料が運ばれた。また、現在のファリンドン内にあるフリート川の沿岸地域は、タイン川流域からロンドンへ運搬される石炭の荷揚げ場所になっていたことから、オールド・シーコール・レーンと呼ばれていた。

　ロンドン・ウォールの外側に住む人の数が増えるにつれ、フリート川に捨てられるごみや下水の量は増え続けた。1502年と1606年には清掃が行われたが、1652年には再び汚泥が溜まり、川は完全にせき止められてしまう。その様子は、当時の記録にこう書かれている。「ボートはもはや航行不可能だ。肉屋や料理人らが投げ入れたくず肉や、岸辺の建物から出た廃棄物が川面にあふれている」。この時代には、川の下流に5本ほどの橋が架けられていたこともあり、橋の上からものを投げ入れる人が増えたのは間違いない。ただでさえ水の流れなくなっていた川は、こうしてますます塞がっていった。

　1666年、ロンドンを激しい大火が襲った。火は土手から土手へと飛び移り、フリート川の両岸に立つ埠頭や建物を焼き尽くした。その後、ホルボーンにはクリストファー・レンが設計した新たな橋が架けられる。1670年には、ホルボーンからブラックフライアーズまでの川底を掘り下げ、川幅を広げて、大埠頭を備えた幅15mの運河に替える工事が（それなりの費用を投じて）始まった。しかし、フリート運河と名づけられた全長640mの運河は、たちまち経済的に立ち行かなくなってしまう。その少なすぎる交通量から得られる収入では、維持費を賄うことができなかったのだ。

　この運河は、完成からほどなくして、かつてと同じごみ問題にも悩まされ始めた。結局1733年、ロンドン市当局は損失削減のため、フリート運河を橋で覆った。6年後には、その橋の上に、マンション・ハウス建設のため立ち退きを迫られていたストックス・マーケット（市の総合市場）が移転してくる。ストックス・マーケットはフリート・マーケットと名を変えて1830年まで営業したが、新たな幹線道路となるファリンドン通りの建設に伴って再び撤去された。そして他ならぬフリート川も、この道路の犠牲となった。ついに全域が下水道として暗渠化されたのだが、それは長年の非公式な使い方が公式に認められただけ、ともいえるかもしれない。

獅城（ライオン・シティ）

LION CITY

中国

CHINA

唐の時代に建設され、歴史と美しさを育んできた獅城。
城門やアーチは見事な彫刻で飾られていた。
だが上海や杭州など大都市の電力需要に応えるため、
水力発電所の建設が始まると、
獅城はダム湖の底に沈められてしまった。

ラ イオンは古今東西を問わず、勇敢さや力強さのシンボ
ルとされてきた。特に中国では深く尊敬され、王の権
威と結びつけられると同時に、悪霊を払い、幸運を招
く動物と信じられている。元々はインドで信仰の象徴として用
いられていたが、中国では高度に様式化された石像に変えられ、
多くの宮殿や寺社の入り口に置かれるようになった。「唐獅子」
と呼ばれるこれらの像は通常、2体ずつ対になって建物を守って
いる。1体は口を大きく開けて舌を見せ、もう1体は口を閉じた
まま、こちらを静かに威嚇するような表情を浮かべる。それぞ
れが象徴するのは、古代中国に伝わる陰と陽の概念だ。陰と陽
の力は、見かけ上は対立しながらも、互いに依存し合っている。
それと同様、獅城（ライオン・シティ）の存在感は、逆説的に
聞こえるかもしれないが、1959年にそれが滅びたという事実に
大きく支えられている。

　上海を南に300km下った浙江省淳安県には、かつて、周囲を5
つの山に囲まれた獅城という都市があった。この都市が築かれ
たのは今からおよそ1300年前、唐王朝の時代である。帝国の最
盛期に約0.5km^{2}まで広がったこの都市では、16世紀頃の明の時
代に、それまでよりいっそう豪華な城郭が建てられた。巨大な5
つの城門や、265以上のアーチは、ライオン、竜、不死鳥といっ
た守護獣の彫刻でふんだんに飾られていた。

　獅城には歴史があり、美しさがあった。代々にわたってそこ
に住み続けてきた人々もいた。だが、上海や杭州などの大都市

忘れ去られた土地

で電力への需要が高まると、その需要に応えるため、獅城はあっけなく滅ぼされた。他の7つの町、1000以上の村、広大な畑も一緒に犠牲になった。淳安県での水力発電計画は、1954年5月、中国共産党中央委員会華東局の第三書記だった譚震林から発表された。新安江の付近にダムと水力発電所を造るというこの計画に伴い、29万人以上の住民が立ち退きを迫られることになった。

　事業は1959年に完了した。獅城は人造の千島湖にのみ込まれ、周辺の盆地全体も深さ30m以上の湖底に沈んだ。それから50年近く、獅城はほぼ完全に忘れ去られた土地となる。その存在が再び注目を集めたのは、2001年、ちょうど中国が世界貿易機関に加盟した年のことだ。千島湖を探検していたダイバーが、ほぼ原型をとどめたままの都市を発見したのである。ダイバーが驚くのも無理はなく、そこには広い舗装路、寺院、立派な城壁などが、不気味なほど完ぺきな状態で保存されていた。木の梁や階段まで残っており、複雑な装飾が施された石像も無事だった。そうした石像は新鮮な水のおかげで守られていたが、砂地で日光とスモッグにさらされていたら、たちまち傷んでしまっていたに違いない。他にも、動乱の1950年代の遺物が数多く発見された。

　「中国のアトランティス」と名づけられて以来、獅城はちょっとした観光名所になっている。熟達したダイバーであれば、夏の間、ここで水中ツアーを楽しめるからだ。観光客の増加によって都市が直面しうるリスクも考慮し、中国当局は獅城を正式な歴史遺産に定めた。陰陽の見事なバランスのごとく、大衆の強い好奇心を満たしつつ、遺跡を保存する取り組みが成功するよう、私たちはただ祈るしかない。

下：人造の千島湖。この湖の水面下に獅城が眠っている。

獅城（ライオン・シティ）

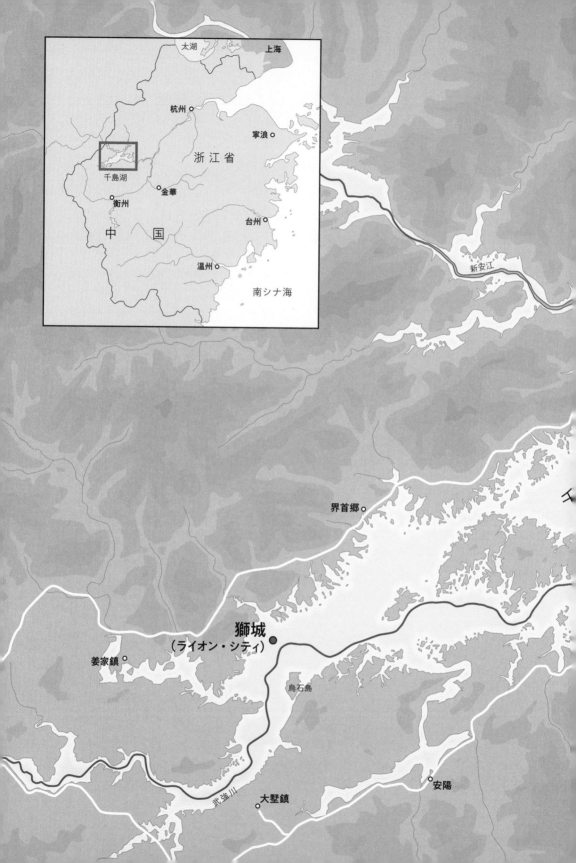

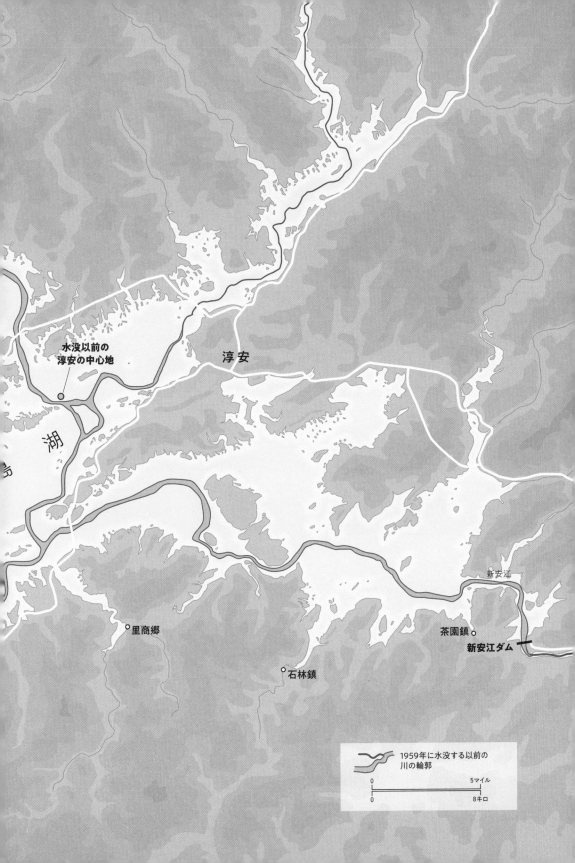

水没以前の
淳安の中心地

淳　安

湖

新安江

里商郷

茶園鎮。

石林鎮

新安江ダム

1959年に水没する以前の
川の輪郭

0　　　　　　　　　　5マイル

0　　　　　　　　　　8キロ

オールド・アダミナビー
OLD ADAMINABY

ニューサウスウェールズ、オーストラリア　NEW SOUTH WALES, AUSTRALIA

鉱山の採掘とともに生まれた街アダミナビーは、
住民の抵抗もむなしく、ダム湖の底に沈んでしまう。
だがオーストラリアを襲った大干ばつにより
再び姿を現し、露出した歴史的な農機具や
建物の一部が略奪者に持ち去られてしまう。

オールド・アダミナビーにも、建設されたばかりの時代があった。それ以前の時代には、当然、街ですらなかった。ユーカンビーン川流域に広がるモナロ草原は、現在のオーストラリアの首都キャンベラから約150km南にあり、ナーリーゴウ族とベメランガル族の保護を受けていた。1820年代、ニューサウスウェールズ州のこの地域に、初めてヨーロッパ人が移り住む。オールド・アダミナビーは当時まだほとんどでき上がっていなかったが、これを機に、街として成長を続けていった。ユーカンビーン湖の水に育まれた、木の少ない広大な平原は理想の放牧地と目されたため、ヒツジやウマの飼育家、牧畜家が少しずつここに定着した。物好きな旅行者や探鉱者も、ときどきやって来た。1859年、北西に40km離れたスノーウィー・マウンテンズの町カイアンドラで金が発見されると、アダミナビーへの移住者は爆発的に増加する。

カイアンドラに大量の人が押し寄せ、近隣地域がその中継地として利用される中で、アダミナビーにはホテルが開業した。商魂たくましい牧畜人のジョセフ・チャルカーが、旅行中の富の探求者たちをもてなすために造ったのだ。まもなく2つの商店と郵便局も開業したが、その場所はホテルとの縁が深かったため、単純に「チャルカーズ」と呼ばれていた。だが、1861年に周辺地図を作ったガバメント・ガゼットの測量士は、ここをチャルカーズとして記載することを認めなかった。彼は自ら正式な名づけ親となり、妻の旧姓とされるシーモアという名前をこの地に与えた。シーモアは1886年に再び改名されてアダミナビーとなったが、これはビクトリア州の街シーモア（同じ測量士が名づけたわけではないらしい）との混同を避けるためだった。

カイアンドラのブームは長続きせず、1905年には最後の鉱山が閉鎖された。一方でアダミナビーは小さいながら着実に成長を続け、その経済はバター工場や、近隣のカイロー銅山の開業によって活気づいた。20世紀初頭の数十年で、街には5軒の雑貨店、1つの裁判所、2つのホテル、2つの学校、銀行、教会、病院が揃った。時計屋、カフェ、ティールーム、映画館、催し物広場、競馬場もできた。街の

忘れ去られた土地

凡例:
- 1940年頃の旧アダミナビーにあった通り
- 現在の通り
- 1980年の海岸線
- 現在の海岸線

オールド・アダミナビー

マウラーメーニーチ街道

オールド・アダミナビー街道

ルーカス通り

クランジー通り
バンジョー通り
ヒル通り
レインボー通り

キャラバン・パーク

商業地域

ガイアンドラ通り
コスグローブ通り
デニソン通り
チャルカー通り
キャンプ通り
グレープ通り
クロス通り
ベル通り
クーマ通り

アレキサンドラ通り
ヨーク通り
ハーネット通り
エドワード通り
スプリング通り
ブラウン通り
レット通り
カスカー通り
ボウライラ通り
エデン通り
サウス通り

ユーカンビーン湖

0　　　　250ヤード
0　　　　250メートル

N

社会的かつ政治的な営みが年代を追って子細に記された地元の新聞を読むと、住民が日常から解放されるのは毎週金曜の夜と土曜の夜だったようだ。この2日間には必ずダンスパーティーが開催され、老いも若きも夢中になって参加したという。

　ある人の回想によれば、冬は「厳しく、冷たい雨と強い風にさらされ」、大雪が降ることも珍しくはなかった。しかし、このような過酷な状況下で、密接に結びついた共同体はさらに結束を深めていく。人口は比較的少ないまま推移し、1940年代に入っても750人程度にとどまった。一部の設備に関しては大都市と比べてかなり後れをとっており、ガス、電気、水道、下水などの配管も整備されずにいた。それがこのへき地を長きにわたって特徴づけ、かえってかけがえのない場所であるとの認識をアダミナビーの人々に与えたのは事実だ。しかし、チャルカーのホテルが開業してほぼ1世紀後に、街は消えることになる。

　その引き金となったのは、戦後近代化構想の一環として計画された、ニュー・サウスウェールズでの大規模な水力発電事業だった。ユーカンビーン川の流れを変えてダムを造るというこの計画は、1949年に承認され、その年の秋には渓谷で起工式が開かれた。アダミナビーにほぼ影響しない予定であったことから、住民たち

下：2007年、ダムの水位低下により、聖メアリー教会の階段部分が見つかった。

忘れ去られた土地

も式に参加し、発破の合図とともに記念碑が除幕されるのを見守った。だが結局は、この記念碑もアダミナビーの街も、ダムの犠牲となって水中へ沈むことになる。ユーカンビーン川流域により大きなダムを建てれば、より大きな電力を引き出せることが、後の調査で判明したためだ。

政府はアダミナビーの住民に対し、再定住計画を示した。共同体の断絶を招く問題には慎重にならざるを得ず、それはまた、4世代にわたってこの地で耕作や牧畜を続ける関係者がいたことも理由だった。移転先は新たなアダミナビーになるだけでなく、あらゆる近代的な配管を備え、安全な距離にあるダムから電力を供給されることが決まっていた。そこで住民はれんがを1つ1つ、羽目板を1枚1枚動かしながら、教会2つを含む100以上の古い建物を新たな場所へ移動させた。

作業は1956年に開始されたものの、人造の湖は1973年まで最大容量に達することはなく、住民の多くはその間ずっと強制移動に反対し続けた。新しいアダミナビーに移住した人の半分以上も、ほぼすぐにその場所を離れていった。予想を超えた光熱費がかかり、入植以来、育ててきた牛や馬を飼うスペースがなく、仕事を得る見込みも少ないことが彼らの不満だった。

やがてこの地域には、広い湖でのウォータースポーツや雪山でのスキーを目当てにした観光客が増えた。立派な牧草地や放牧地の損失が、少なくとも経済的には補てんされつつあるというわけだ。しかし早くも1980年代になると、環境変化による湖の水位低下が始まり、荒廃した古いアダミナビーが水中から顔をのぞかせるようになる。そして2007年、100年に一度の大干ばつが地域を襲うと、滅ぼされた街の亡霊が復讐を遂げるかのごとく姿を現した。湖の水位が普段から10％も下がったことにより、街の遺構が約半世紀ぶりにはっきりと浮かび上がったのだ。しかし、一度失われたその街をさらに踏みにじるかのように、略奪者が露出したばかりの歴史的な農機具や、建物の一部を持ち去ってしまった。

地域団体の運動のおかげで、2008年には遺産保存命令が発せられ、古いアダミナビーの遺物を奪い去ろうとした人間には必ず重い罰金が課せられることが決まった。そのうちに、湖の水位は当初の20％程度に落ち着いた。今のところ、古いアダミナビーは世間の関心にさらされながら、喪失と再発見、死と再生の間を揺れ動いている。その無残な姿は、過去の強引な計画への批判を呼び起こし、今後のさらなる手厚い保護を訴えている。

ポート・ロイヤル

PORT ROYAL

ジャマイカ

JAMAICA

地球上で最も堕落した町——。
海賊の楽園はかつて、そう呼ばれていた。
地震と津波によって人口の半数以上を失い、
火事が建物を焼き尽くし、その後に吹き荒れた
嵐によって致命的な打撃を受けた。

「現在のポート・ロイヤルは、極めて質素な小さい町になった」と、ある歴史書は述べている。かつての華やかさを思えば、確かに驚くほど質素になったことは間違いない。しかし、ジャマイカのキングストン湾河口の砂嘴にある人口1600人の静かな漁村が、かつて、どれくらい有名だったのか、正確にいえば、どれほど悪名高い土地だったのかということは、あまり知られていない。

歴史をひも解く小さな手がかりは、「モーガンズ・ハーバー」という現地のホテルの名前に見ることができる。現在、この豪華なホテルに宿泊するのは、スリルを求めて町にやって来る数少ない観光客、巨大なカジキを狙う釣り人、そしてヘンリー・モーガン船長の「拠点」であった当時のわずかな名残を探しに、ポート・ロイヤルを訪れる人々だ。モーガンは元々ウェールズの農民だったが、のちにカリブ海を航行する私略船の船長となり、スペイン領アメリカの植民地を容赦なく襲撃した。パナマ略奪後に騎士の称号を授けられ、ジャマイカの副総督にまで上りつめている。

その時代、つまり17世紀の後半、ポート・ロイヤルにはいくつもの別名があった。いかにも仰々しい名前が多く、「宇宙の掃き溜め」から「地球上で最も堕落した町」まで、好き勝手に呼ばれていた。土地の温かさを伝えることも、住民の実直な働きぶりに敬意を表すこともなく、逆に侮辱するような名前ばかりがつけられた。しかし、ある意味では、それも当然だったといえる。イギリス領となって以降、この町は海賊の楽園になり、カリブ海の無法地帯と化したからだ。女好きの日焼けした海賊たちは、スペインのガレオン船から合法的に奪った宝をポート・ロイヤルで荷揚げし、近くの酒場や売春宿を訪れていた。当時こうした店は、町全体の4分の1を占めていたという。

しかし、ポート・ロイヤルが堕落した港町に成り下がったのは、それを狙ったわけではないものの、オリバー・クロムウェルによる「西方政策」の影響を直接的に受けたためである。これは護国卿クロムウェルが、カトリックを信仰するアイルランドを征服した後

忘れ去られた土地

に思いついたもので、同じくカトリックのスペイン領西インド諸島を掌握することにより、イギリス議会派の信仰するプロテスタンティズムをアメリカ大陸に根づかせようという大胆な計画だった。1654年、クロムウェルはイスパニョーラ島の侵略を目指し、大艦隊を派遣した。この艦隊を率いていたのは、海軍と陸軍それぞれの最高司令官、ウィリアム・ペン提督とロバート・ベナブルズ将軍だ。

不名誉にも、イギリス軍はサント・ドミンゴで強力なスペイン軍に撃退され、1655年5月10日にはキングストン湾まで退却する。だがその近くには、イスパニョーラ島に比べ住民が少なく、防御もはるかに手薄なジャマイカ島があった。クロムウェルのもとに手ぶらで戻ることを恐れていたペンとベナブルズにとって、これは好都合だった。一種の「残念賞」を狙う気持ちでジャマイカに上陸すると、イギリス軍はスペインの民兵をどうにか打ち破った。自分たちも戦いに疲れ、赤痢にかかるなどしていたが、徐々に島での足場を固めていく。建物とともに、天然の良港を形成する岬の最西端に石の要塞を築き、フォート・クロムウェルと名づけた。

ポート・ロイヤルはイギリス人から当初ポイント・カグウェイと呼ばれ、それ以前は船

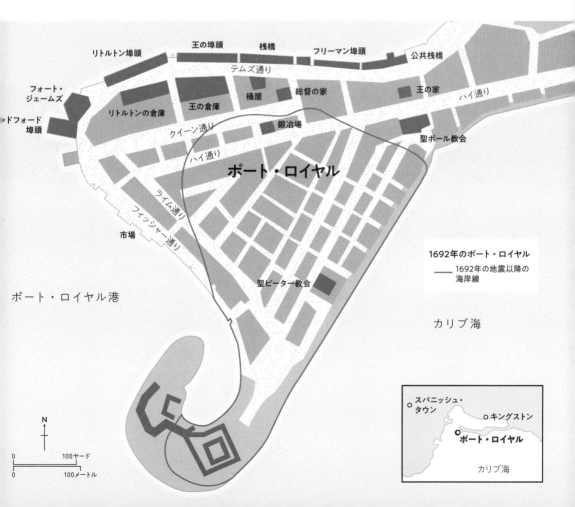

の修繕場所としてスペイン人が保有していた。さらにその昔は、長年にわたって先住民であるタイノの人々が利用する漁場だった。1494年、クリストファー・コロンブス率いるスペイン軍がジャマイカを「発見」して以来、先住民であるタイノは何重もの苦しみを味わうことになる。征服者の剣とマスケット銃で何百人もが殺され、生き残った人々には奴隷労働が強いられた。その上、ヨーロッパにまん延する病気が持ち込まれ、免疫を持たないタイノの人々はその数をいっそう減らしていった。搾取していた先住民の大半が消滅してしまうと、当然、労働力の確保は難しくなる。そこでスペイン人もそれに続くイギリス人も、大量の奴隷をアフリカからジャマイカへ輸入した。

　ジャマイカに入植した当初のイギリス人たちは、何をおいてもまず、島の支配を維持しなければならないと考えていた。1657年になると、最初の侵攻艦隊の大部分がイギリスに帰還する。残ったのは、まるで戦力にならない船ばかりだった。そこでジャマイカ総督のエドワード・ドイリーは、スペインに島を奪回されるのを防ぐため、思いがけない方面に助けを求めた。なんと海賊たちをジャマイカに呼び寄せ、ポート・カグウェイに滞在させたのである。当時イギリスやフランスの海賊団は、イスパニョーラ島北岸の荒れ地や、トルトゥーガ島を占拠し、キューバと現在のハイチに挟まれたウィンドワード海峡でスペイン船を攻撃していた。ドイリーはこのことを知り、彼らと手を組もうとしたわけだ。

　宝物（金、香辛料、タバコ、木材）を積んでスパニッシュ・メインからカディスへ戻る船を獲物とする海賊にとって、カリブ海の中心に位置するジャマイカは、地理的に非常に好都合な場所だった。しかもここで海賊たちは、イギリスに戦力を提供しているという暗黙の了解のもと、敵（スペイン）の船や領海から奪った積荷を合法的に受け取ることもできた。その権利を認めていたのが海事裁判所制度であり、このうさんくさい制度によって、植民地経済は有利に発展を遂げたと言ってよい。ドイリーは海賊に「私略船の船員」として委任状（免許状）を交付し、特定の外国船や海域を攻撃させた。立派な港を自由に使うことも許可していたため、ここで海賊たちは船を修理し、どくろ印の旗を繕い、次なる航海に備えて新鮮な食料を補給した。町の周辺には、酒場や売春宿を中心とする娯楽施設が増え、海賊たちの汚れた金がそこに注ぎ込まれた。

　ある年代記作家によれば、海賊たちは「獲物が現れたとき、それが敵の船かイギリスの船かを見分けるのが煩わしい」と感じることが当たり前にあったようだ。実際、彼らが最後までイギリスに加勢するかどうかは、ドイリーにも確信が持てなかった。いざスペイン軍が総力を挙げて攻撃してこようものなら、海賊たちはラム酒をあおってヨーホーホーと声を上げながら、すきを見て夕日の中に消えていくかもしれない。だが彼らの存在のおかげで、島に残っていたわずかなスペイン人とその支持者によるゲリラ攻撃が抑止されていたのは明らかだ。そして何より、海賊の介入によって全面的な侵略が良くも悪くも阻止された結果、かえってイギリスは長期にわたる植民地支配を保つこともできた。

　ただし、それは当時のジャマイカの貿易が「主に私略船で持ち込まれた金、銀、宝石などの略奪品」によって成長を続けていたことを意味する。1669年当時、そのことに懸念を述べた1人の地主がいたが、こうした資産家たちは農業に基盤を置き、ジャマイカの未来をいっそう持続可能なものにしたいと望んでいた。奴隷労働で育てられたサトウキビの安

定した収益が、短絡的で不安定な海賊行為による略奪品の収益を急速に上回り始めると、農園主はますます多くの権力と富を手にするようになった。イギリスでは王政が復古してチャールズ2世が即位し、これに伴ってフォート・クロムウェルはフォート・チャールズへ、ポイント・カグウェイはポート・ロイヤルへと急きょ改名された。その影響は地政学的な協力関係にも及び、イギリスはスペインと一時期、協定を結んで、少なくとも手続き上は私略船での攻撃を行わないことを約束した。しかし、はかなくも短命に終わったこの平和な期間にも、地元の私略船は外交辞令を無視して捕獲に励んでいたようである。

そんなカリブ海の歓楽街ことポート・ロイヤルの輝かしい時代は、やがて地震によって終わりを迎える。宗教心の厚い人々は、この地震を神からの罰と考えたことだろう。

1692年6月7日、ジャマイカ島全土を激しい揺れが襲い、ポート・ロイヤルはとりわけ甚大な被害を受けた。至る所で地面が割れたかと思うと、津波が押し寄せ、通りに立つ建物はすべて崩壊した。東側の教会も倒され、コーヒーカップの中に注がれる砂糖のごとく、たちまち海の中へ消えていった。

当時の悲惨な様子を、目撃者はこう証言す

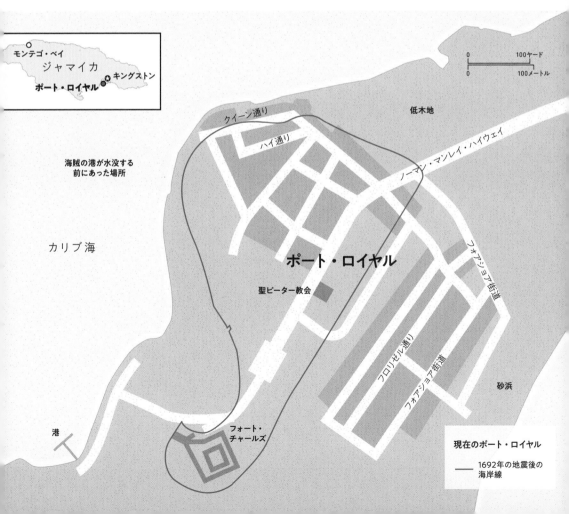

上：1756年頃の地図。ポートロイヤルとキングストンにあった港の場所を示している。

る。「地面の砂が波のように盛り上がり、そこに立っていた人を残らず持ち上げて、穴の中へ突き落とした。同時に洪水が起こり、通りにいた人々に襲いかかった。家の梁や垂木にしがみついて助かった人もいたが、水が引いた後、足や腕を砂から突き出した状態で埋もれていた人もいた」。

ジャマイカの他の地域では、地震による死者の数は50人にとどまったが、ポート・ロイヤルでは人口6000人のうち約2000人が犠牲になった。それ以外にも、ずぶ濡れのまま避難所や飲み水のない場所で放置され、高熱を出すなどして亡くなった人が2000人いる。町内の墓地でも地面が割れ、埋葬されていた遺体が地上に露出した。腐敗が進んだ遺体も、そうでない遺体もあったが、すべて洪水に押し流され、生き延びた人々の衛生環境を悪化させた。

その後、ポート・ロイヤルはわずか100m²に縮小して再建された。しかし、ジャマイカの貿易や政治活動の中心地としての座は、新興の町キングストンに明け渡すことになる。1703年1月、今度は大火事がポート・ロイヤルを襲い、砦以外の建

忘れ去られた土地

物をほぼすべて焼き尽くした。1712年8月28日にはハリケーンが到来して、港にいた多くの船が被害を受ける。町に致命的な打撃を与えたのは、それからちょうど10年後の1722年8月28日に吹き荒れた「凶暴な嵐」だった。この嵐によって「砦は崩壊」し、「教会と、町にある建物の3分の2がなぎ倒された」。死者は400人に上った。

　荒廃したポート・ロイヤルはイギリスの海軍基地に転用された後、当面の間は若きホレーショ・ネルソンに管理され、20世紀まで維持された。かつて海賊たちが滞在し、大酒を飲んでいた（一晩で8レアル銀貨を3000枚使うことも珍しくなかったという）町の残骸は、湾外のそれほど深くない海中に沈んでいる。さらにその下の真っ暗な海底は、世界でも類を見ないほど多くの難破船が眠る場所として有名だ。ここでは、貴重な宝を手放すことを拒否して沈没した300年前の船が、少しずつ発掘されつつある。近年掘り起こされた遺物の豊富さを見ても、かつてのポート・ロイヤルが特別な町であったことは明らかだ。

下：1907年の地震後に撮影された、キングストンにあるポート・ロイヤル・ストリート。ジャマイカは現在も地震の影響を受けやすい国である。

ポート・ロイヤル

103

エサンベ鼻北小島

ESANBEHANAKITAKOJIMA

日本　　　　　　　　　　　　　　　　　　　　JAPAN

北海道 猿払村の沖合 500m のところに
「エサンベ鼻北小島」と呼ばれる小さな島が
浮かんでいた……はずだった。
2018 年秋、あるライターが取材で訪れたところ、
島は跡形もなく消え去っていた。

20 16年、イギリスの名札製造会社が、ある調査を行った。学校の更衣室で自分の制服を見分けたり、国際線のフライトで荷物の紛失を防いだりするための名札を作っている会社が行ったのは、「あなたのなくしやすいものは何ですか」という調査だった。その結果、第1位になったのは「鍵」、つまり家や乗り物を盗難から守り、貴重品を持ち出されることを防ぐためのアイテムだった。以下「携帯電話」「口紅」「眼鏡」「リモートコントローラー」「手袋」などがわずかな差で続き、これらはすべて「最もなくしやすい20のアイテム」に堂々のランクインを果たしている。

調査に協力した人の約3分の2は、落とし物を「定期的に」していると認めており、全体の大半に当たる人々が、1カ月に平均して4つのものをなくしていると答えた。そのうち大きいアイテムには、自動車などもあったそうだ。ただし、それはごく「一時的な」紛失であり、車を停めた正確な場所がなかなか思い出せなかったとか、似ている車が多く停まっている中で自分のものが一瞬見分けられな

かったとか、そういう場合が多いようだ（同じ形で同じ黒色のフォード・モデル T が流行していた当時、所有者は自分の車をどうやって識別していたのだろう？　このことは間違いなく、歴史に残る謎の1つだ）。

この調査からは、別の事実も浮かび上がってきた。なくしたアイテムが必要になるまで、その紛失に気づかないまま、何の心配もせず過ごしがちだと答えた人の割合が、実に多かったのだ。例えば、あなたにお気に入りのスカーフがあると想像してみてほしい。夏の暑い時期、あなたはそのスカーフを衣装ダンスの中に大事にしまっておいた。そして葉が色づいて日が短くなる頃、ようやく探し出そうとすると、スカーフはどこにも見当たらなくなっている。日本のエサンベ鼻北小島に起きたことも、それとかなり似ている。

関係者の記憶によると、北海道北端の猿払村から約500mの沖合に、かつて小さな島が浮かんでいた。何の変哲もない島であり、ほぼ居住不可能というより、決して人が住める場所ではなかった。冷たい風と雪が激しく打ちつける、ただの殺風景な岩の塊だった。そ

忘れ去られた土地

猿払村

漁港

サンゴ礁

エサンベ鼻北小島
（消滅前）

オ ホ ー ツ ク 海

エサンベ鼻北小島
（上記参照）

工業地域

千島列島

◉ エサンベ鼻北小島

北海道

○ 札幌

中国

ロ
シ
ア

ウラジオストク

北朝鮮

日本海

韓国

太平洋

☆ 東京

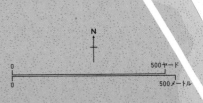

N

| 0 | 500ヤード |
| 0 | 500メートル |

れでも日本の領海を定義する上で重要視されていたことから、2014年、この島は他の157の離島とともに正式な名前を与えられた。これは日本の国土の範囲を明確に示すための措置であり、膨張主義の中国による太平洋への進出や、別の主要隣国ロシアとの長年の係争に歯止めをかける狙いがあった。第二次世界大戦の末期、ソビエト軍がカムチャツカ半島のすぐそばにある日本領の海岸に進攻して以来、千島列島はロシアに占領されている。そして、この列島からそう遠くない場所にエサンベ鼻北小島は位置している。

エサンベ鼻北小島について、猿払村の漁師たちは、この島を迂回するようにしていたと回想する。だが、そうした証言が真剣に検討されるようになったのは、島の消失が発覚した2018年の秋以降のことだ。ソファの後ろに落ちた硬貨のごとく、それはこつぜんと消えたまま、誰にも気づかれずにいたのだ。ここで清水浩史という人物が探索に乗り出さなければ、島はもっと長い間（放置されていた正確な日数は定かではないが）、その消失に気づかれずにいたことだろう。書籍『秘島図鑑』の著者である編集者・ライターの清水は、続編の取材のため2018年9月に猿払村を旅行し、沖合に浮かぶ小島を詳しく調べようとした。日本最北端のこの村で、清水は地図を片手に、エサンベ鼻北小島が見えるはずの海岸線へ向かった。しかし、長い時間、必死に目を凝らしても、冷たいオホーツク海に島らしきものは見当たらない。そこで今度は、地元の漁業協同組合に問い合わせた。だが実際に海へ出ても、古い海図を参考にしても成果は得られず、清水の不安は確信に変わっていく。エサンベ鼻北小島は、すでに消滅してしまったのではないか？

海上保安庁によれば、エサンベ鼻北小島が最後に正式な調査を受けたのは、1987年だという。その時点で、島は平均海面から1.4mの高さがあったと記録されており、翌年この情報を参考に、国土地理院によって地図が作成された。それから2018年までの30年間で、島はあらゆる自然の力にさらされた結果、消えてしまったのだと考えられる。2019年5月、同庁が行った調査でも島は目視できなかった。高潮や強風、流氷によってゆっくりと侵食されていったか、あるいは海面の上昇に伴って、島の表面が次第に水中へ沈んでいったのだろう。

忘れ去られた土地

上：エサンベ鼻北小島は、渦
巻くオホーツク海の下に消えて
しまったものと思われる。

　北海道、本州、四国、九州という4つの大きな島とその他の
小島で構成される日本は、そのアイデンティティーや領海の
境界線が島々と密接に関係している。したがって、（長すぎる
名前に比べて）いくら小さな島でも、エサンベ鼻北小島を失
うことは日本にとって軽視できない問題だ。実際に消失した
となれば、日本の領海は500mほど狭められ、地図も修正を迫
られるかもしれない。

エサンベ鼻北小島

ロスト・シー

THE LOST SEA

クレイグヘッド洞窟、
テネシー州、アメリカ

CRAIGHEAD CAVERNS,
TENNESSEE, USA

大型の動物が大量絶滅した更新世以降、
その存在は完全に忘れ去られていた。
13歳の少年に "再発見" された地底湖は、
今、アトラクション施設として生まれ変わり、
多くの人が訪れる場所になっている。

クレイグヘッド洞窟は、失われてから発見されるまでの間に、驚くべき長い歴史を持つ。この洞窟が存在するのは、テネシー州東部、アパラチア山脈に連なるグレート・スモーキー・マウンテンの山麓の奥深くだ。ここで最初の有名な「失踪者」が出たのは、推定で約2万年前のこと。ちょうど更新世最後の氷期に当たり、グリーンランド、カナダ、そして北米の一部が流氷の下に沈んでいた時期だった。恐竜は約6600万年前の白亜紀末期に絶滅したとされているが、それから長い時間が経った後の更新世には、メガファウナ（ケナガマンモス、剣歯虎、メガロサウルス、オオツノジカ、グリプトドンといった大型の哺乳類）が地上をはいかいしていた。だが悲しいことに、この動物たちにも終わりの時間は迫っていた。

更新世を生き残れなかった大型種の中に、ジャイアント・ジャガーがいる。子孫に当たる現生ジャガーより巨大なこの種は、北米原産で、現在のテネシー州周辺に生息していた

可能性が高い。ジャイアント・ジャガーが最終的に絶滅するおよそ1万年前、そのうちの1頭が、クレイグヘッド洞窟に迷い込んだ。捕食者から逃げてきたのか、ただ体を休める場所を探していたのかは分からないが、洞窟の奥深くで道に迷い、割れ目に落ちてしまったらしい。この不運なジャガーの足跡と、ほぼ完全な骨格が見つかったのは、1939年のことだ。骨格標本はニューヨークのアメリカ自然史博物館に常設展示され、足跡の石膏型もクレイグヘッド洞窟の案内所で見ることができる。

ジャガーの骨が発見された頃、洞窟はすでにある程度、知られるようになっていた。元々その周辺は先住民チェロキーの居住地だったが、1820年代に白人が入植し始め、洞窟を食品庫として利用した。南北戦争中は、南軍が火薬の主成分である硝石を求めて、ここで採鉱を行っている。また、涼しく人目に触れない洞窟内は、酒の密造者にも人気があった。彼らは暗いくぼみに違法な蒸留機を

忘れ去られた土地

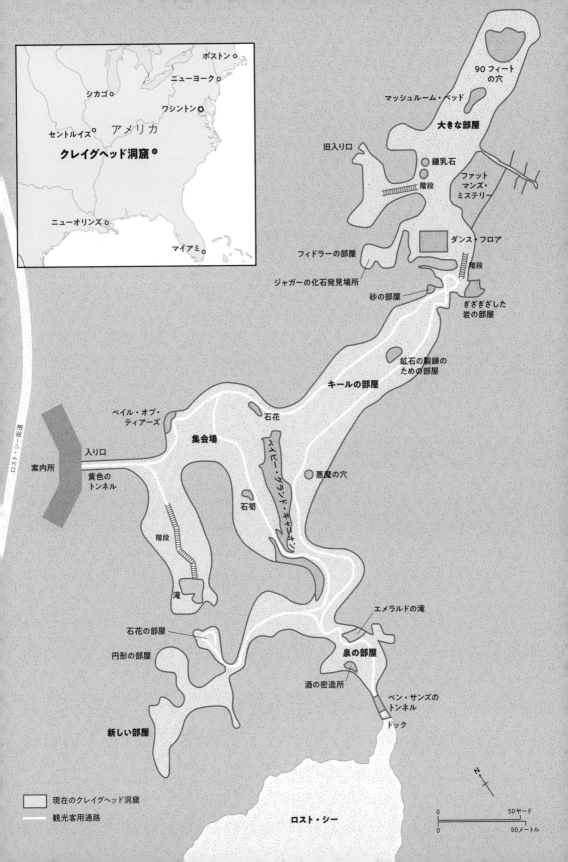

ボストン ○
ニューヨーク ○
シカゴ ○
ワシントン ✪
セントルイス ○
アメリカ
クレイグヘッド洞窟 ◉
ニューオリンズ ○
マイアミ ○

90 フィート
の穴

マッシュルーム・ベッド

大きな部屋

旧入り口

鍾乳石
階段

ファット
マンズ・
ミステリー

ダンス・フロア

フィドラーの部屋

階段

ジャガーの化石発見場所

砂の部屋

ぎざぎざした
岩の部屋

鉱石の製錬の
ための部屋

キールの部屋

ベイル・オブ・
ティアーズ

石花

集会場

ベイビー・グランド・キャニオン

悪魔の穴

入り口

案内所

黄色の
トンネル

階段

石筍

滝

エメラルドの滝

石花の部屋

円形の部屋

泉の部屋

酒の密造所

ベン・サンズの
トンネル

新しい部屋

ドック

N

ロスト・シー街道

現在のクレイグヘッド洞窟

観光客用通路

ロスト・シー

0   50ヤード

0   50メートル

隠し、トウモロコシ、大麦、そしてアパラチアの名産品であるライ麦から生のウイスキーを製造していたのだ。ほどなくして洞窟を観光地に変える取り組みが始まり、ダンスフロアや闘鶏場などが作られた。

　洞窟が広くその名を知られるようになるには、先史時代に失われたままになっていたもう1つのピースの発見が必要だった。それがすなわちロスト・シーだ。現在のテネシー州に相当する地域は、約6500万年前まで海中に沈んでいた。ところが、やがて地球の変動によって陸地が上昇し、石灰岩（海洋生物の遺骸でできた堆積岩）の層が水上に露出する。この軟岩が地下水にゆっくりと侵食されて洞窟ができ、約2万年前には、地下43mの最深部に澄み切った水で満たされた空間ができた。そして1905年、このロスト・シー（実際は「湖」）にようやく1人の人物がたどり着く。それはベン・サンズという当

時13歳の少年で、彼は以前にも、父親と一緒に洞窟の中を探検したことがあった。

その日、ベンは90mほど続く道を1人ではって進み、巨大な水溜りのようなものが見える場所に着いた。岩や泥をつかんで力任せに投げ入れてみると、水のはねる音がする。だが、底にぶつかった音は聞こえてこなかった。これが、アメリカ最大の地下湖が偶然に見つかった瞬間だった。その全範囲は、いまだ地図にも描かれておらず、ダイバーも誰一人、湖底に到達できてはいない。現在は約53m²の湖として地図に記載されているが、正確な広さについては推測の域を出ず、今後の探索が期待される。いずれにせよ、この洞窟は新たな玄関口と最新設備を備えた本格的なアトラクション施設として、1965年に営業を始めた。以来、失われていた湖は、多くの人が訪れる場所になっている。

下：クレイグヘッド洞窟内に広がるロスト・シー。

ボディ

BODIE

カリフォルニア、アメリカ　　CALIFORNIA, USA

ここは悪名高き米国西部の町。
ゴールドラッシュで賑わう半面、
治安の悪さも折り紙付きで、
凶悪犯罪が日常的に繰り返された。
やがて鉱山が閉鎖。住民も去っていった。

　アメリカ西部の辺境に建てられ、のちにゴーストタウンと化した町の中でも、ボディほど廃墟らしい廃墟は他にない。西部開拓時代、シエラネバダ山脈の東麓に位置するこの炭鉱町は、とりわけ物騒な場所として知られていた。名もなき殺し屋から駅馬車強盗まで、当時の西部で暴れ回っていた犯罪者の多くが「ボディ出身の悪党」と呼ばれていたことからも、ここが無法地帯の代名詞となっていたことが分かる。

　町の名前は、W・S・ボディ（W・S・Bodey）という人物に由来する。彼は「先住民モホークの血を引くオランダ人」とも「スコットランド人」ともいわれているが、要するに身長170cmほどの小柄な男だったようだ。平凡な探鉱者の1人だったボディは、1848年にカリフォルニア州コロマ近郊のサッターズ・ミルで金が見つかったことを聞き、同じ州のこの地域に駆けつけた。そして11年後、シエラ山脈の東側にあるテイラー・ガルチで仲間と鉱床を探していたときに、幸運にも金脈を発見する。だがこの発見による富を享受することなく、ボディは1860年、猛吹雪の中で非業の

死を遂げた。簡単に財を成そうとして苦労の末に亡くなった彼に敬意を表し、仲間はこの採掘場を「ボディの場所」と呼んだ。その後、ボディという名前は、採掘場の拡大とともに定着していく。町の名前のつづりがBodeyからBodieへと変わったのは、町名看板が作られたときの単純なミスによるものだ。

　当初、そこで採れる金は比較的少なかったため、ボディは質素な野営地のままだった。1860年代半ばになっても住民は50人しかおらず、区画内にあるのは、木材と日干しれんがでできた小屋が20軒と、下宿屋や酒場だけだった。だが1875年、バンカー・ヒルの鉱山が崩れ、そこから豊かな鉱床が現れたことで状況は一変する。ボディは一晩で有名になり、その知らせはすぐにサンフランシスコにも届いた。途端に西部のあちこちから、つるはしを担いだ探鉱者たちが集まってくる。とにかく分け前が欲しくて必死な者も、片手間で一稼ぎしようとする者もいた。彼らが金を掘りに向かった場所は、すでに他の探鉱者たちであふれかえっていた。

　そのうちボディの目抜き通りには、店舗や

忘れ去られた土地

112

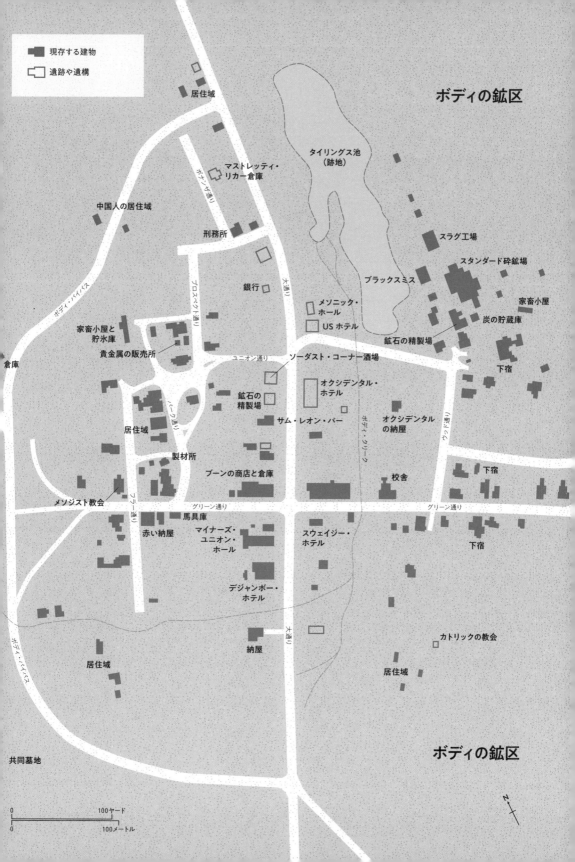

凡例
現存する建物
遺跡や遺構

ボディの鉱区

居住域

マストレッティ・
リカー倉庫

中国人の居住域

ホナンガ通り

刑務所

タイリングス池
（跡地）

スラグ工場

スタンダード砕鉱場

ブラックスミス

家畜小屋

銀行

メソニック・
ホール

US ホテル

炭の貯蔵庫

ボディ・バイパス

家畜小屋と
貯氷庫

貴金属の販売所

ブロスペクト通り

大通り

鉱石の精製場

下宿

ユニオン通り

ソーダスト・コーナー酒場

鉱石の
精製場

オクシデンタル・
ホテル

ボディ・クリーク

オクシデンタル
の納屋

倉庫

パーク通り

居住域

製材所

サム・レオン・バー

フラー通り

校舎

下宿

メソジスト教会

ブーンの商店と倉庫

グリーン通り

グリーン通り

下宿

馬具庫

赤い納屋

マイナーズ・
ユニオン・
ホール

スウェイジー・
ホテル

下宿

デジャンボー・
ホテル

大通り

ボディ・バイパス

カトリックの教会

納屋

居住域

居住域

共同墓地

ボディの鉱区

0   100ヤード

0   100メートル

N

居酒屋、賭博場が並び始める。中国人が営むアヘン窟や、美女が多いと評判の売春宿もできた。そこで働く売春婦の1人、ローザ・メイは、優しさと富に恵まれ、町に伝染病が流行したときに多くの人々を救ったとして、地元の伝説になっている女性だ。ちなみにカリフォルニア州では、1881年にアヘン窟の営業や訪問を禁じる新たな法律が可決したが、売春が禁じられたのはそれよりずいぶん後の、1910年だとされている。

　乾燥地帯での金の採掘は、とにかく過酷で気の滅入る仕事だった。推定では、ゴールドラッシュ時代の探鉱者の約90%は男性だったそうである。岩を砕いて1日を過ごした男たちは、夜になるとスコッチやビールを楽しみ、トランプに興じ、他人の温もりを求めた。アヘンを吸って寛ぎたくなることもあった。だが、そのほとんど必然の結果として、町は武器を持った人間や酔っ払いの溜まり場となった。揉め事を起こす「狂人や悪人」が増え、凶悪犯罪が日常的に繰り返された。

　ジャーナリストのジョセフ・ワッソンはボディについて、1878年に「普段の町はそれほど荒れているわけではない」と述べている。しかし「路上の決闘で2人の有力者が射殺された去年の秋」以来、「銃を持った者による深刻な犯罪が」以前より頻繁に起こりつつあると認めた。

　それから2年後、ボディは最盛期を迎える。当時の人口は8000人から1万人いたといわれるが、その数は常に変化していたため、正確に算出することは難しい。栄えるにつれ悪評も高まっていき、ボディは地獄同然の場所、罪と堕落にまみれた邪悪な町として知られるようになる。不道徳に身を落とすことを望まない、まともな女性であれば、善良な男など1人もいないこの町に立ち入るべきではないと考えられていた。少なくとも、そう決めつけて書き立てる新聞もあった。だが住民の中には、そうした悪い噂をあまり気にしない人もいた。むしろそれは、粗野で無秩序な世界を生きる自分たちへの勲章のようなものだと受け取っていたのだ。

　1880年代の終わり頃には、金の資源量が減少し、富を求めて放浪していた人々もボディを去っていった。1890年になると、町は落ち着きと静けさを取り戻す。町は住民682人の小さな共同体になったが、家族も何世帯か含まれており、住民は建設されたばかりの2つの教会の好きな方に通うことができた。それから40年ほどは、わずかに残った鉱石の採掘現場や、シアン化化合物の製造工場が働き口を提供していた。しかし

下：ゴーストタウンと化したかつての炭鉱町ボディ。荒廃した状態のまま保存されている。

第二次世界大戦後にそれらが閉鎖されると、ボディはその存在意義も、ただでさえ少ない住民のほとんども失うことになった。

　町は次第に、かつての自分自身の不気味な亡霊のような姿になった。小屋は崩れ落ち、打ち捨てられていた建物は完全に取り壊された。略奪が横行し、墓地から墓石までもが盗まれる始末だった。

　そこで3人の世話人が荒廃を食い止めるために雇われ、ボディ周辺の空き地を警備することになった。しかし、そのうち2人が対立し、パトロール中の会話さえ拒んだため、成果はあまり上がらなかった。1962年、ボディがカリフォルニア州の管理下に置かれ、州立の歴史公園に生まれ変わったことで、ようやく問題は解決する。ここで当局が下した決断は、町の最盛期に当たる1880年代の面影を取り戻すのではなく、むしろ「朽ちかけた状態のまま」保存しようというものだった。その結果、ボディは廃墟らしく見えるよう、ときどき修復を施されながら、現在も60年前と同じ姿を保っている。西部劇の『ローハイド』や『ガンスモーク』がテレビで放送されていた当時、すでにゴーストタウンとなっていた開拓時代の西部の町が、そのまま残されているというわけだ。

ボディ

フラッグスタッフ

FLAGSTAFF

メーン州、アメリカ

MAINE, USA

イギリスからの独立戦争当時、
アーノルド大佐が掲げた反逆の旗が
町の名前の由来となった。
やがてダムの建設が始まると、
町は旗竿とともに、湖底に沈んだ。

世界の国旗の中でも、アメリカの国旗ほど国民の尊敬を集めているものはないだろう。アメリカには、丸1日かけて「星条旗」を称える日、すなわち国旗記念日がある。1916年の制定以来、6月14日のこの記念日には毎年パレードが行われ、人々は薫製の肉や野菜をお祝いとして食べる。この日を休日に定めている州もある。アメリカの国旗は、公立学校で毎日行われる「忠誠の誓い」の主役でもある。この儀式では、生徒が胸に手を当てて星条旗を見つめながら、「わが国旗と、わが国旗が表象する共和国」への宣誓の言葉を厳かに唱和する。

旗の起源は原始時代にさかのぼる。当時の戦士は敵を倒すと、その血で浸した布を棒にくくりつけて高く掲げ、勝利の合図としていた。つまり旗とは本質的に、人間の帰属意識の象徴に他ならないのだ（外部からやってくる共通の敵を察知し、これと戦うために人々が団結することを、私たちはよく「旗のもとに集まる」と表現する）。

集団のアイデンティティーをはっきりと目に見えるように表す標章として、旗のデザインには象徴的、イデオロギー的、政治的な意味合いが込められていることが多い。星条旗も例外ではなく、その誕生の過程には、イギリスからの独立を求めたアメリカの戦いがあった。赤と白の特徴的なしま模様は、1765年の印紙法による植民地への課税に反対した、「自由の息子たち」を名乗る運動に由来する。

課税に抗議する人々は、ボストンにあるニレの木の下で集会を開いていたが、あるとき、扇動的な行為を封じようとするイギリスの思惑により、この木が切り倒されてしまった。以来、「息子たち」は旗竿を立て、そこに赤と白のしまが9本（たいていは垂直に）並んだ旗を掲げるようになった。しまの数は、新たな課税に反対した植民地（マサチューセッツ、コネチカット、ロードアイランド、ニューヨーク、ニュージャージー、ペンシルベニア、デラウェア、メリーランド、サウスカロライナ）が9つあることを示している。この旗はイギリス側から「反逆のしま模様」と呼ばれ、ただちに掲揚を禁じられた。

しかし同様の旗は、後年に起こるアメリカ

忘れ去られた土地

の独立戦争でも活躍する。しま模様のバリエーションはいくつもあったが、その配色や基本デザインは同じで、どれも「自由」を表現していた。そして独立を果たした後の1777年、新国家アメリカを象徴する最初の星条旗がデザインされる。「反逆のしま模様」を構成していた赤白の線が、今度は水平に13本並び、その左上にある青地にも13の白い星が描かれた（13の星は独立当初の州の数を表す）。

　その時代、大陸軍を率いてイギリスに対する革命を起こそうとしていたベネディクト・アーノルド大佐は、一体どのような旗を掲げていたのだろうか。それを明らかにした歴史書はないが、アーノルド大佐がアメリカの自治権を求めて戦っているとき、ある場所に旗竿を立てた事実は、よく知られている。独立戦争時の功績が評価され、アーノルドは国民

的な英雄となったが、のちに祖国を裏切った。

　1775年12月の時点では、アーノルドは忠実かつ果敢な戦いを続けていた。彼は北進してケベックに達すると、当時イギリス領だったこの地を、将軍リチャード・モンゴメリーとともに攻略しようと試みる。現地のカナダ人も革命に協力するものと見込んでのことだったが、結局この遠征は悲惨な結果に終わった。モンゴメリーは最初の戦闘で死亡し、アーノルドは足を撃たれた。2年後、アーノルドはベミス高地の戦いで同じ足を負傷し、元の怪我をさらに悪化させることになる。

　ケベックの戦いでは、1000人程度の大陸軍のうち、400人以上が命を落とした。一方でイギリス軍は、侵入しようとするアメリカ兵に大砲とマスケット銃で集中砲火を浴びせ、

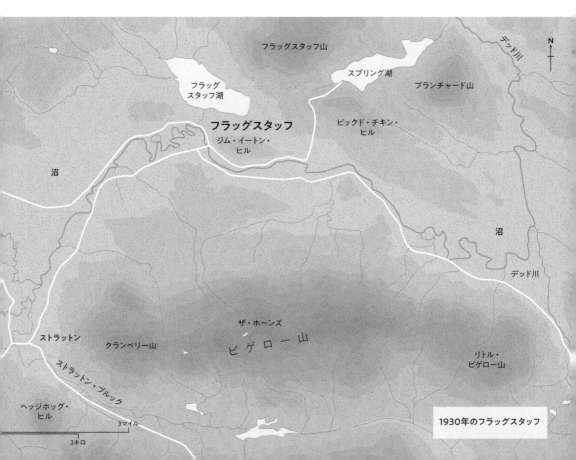

1930年のフラッグスタッフ

自軍はわずかな犠牲者を出すにとどまった。革命戦争を仕掛けたアメリカにとって、これは最初の大きな敗北となった。

　もちろん、すべては突然起こったわけではない。敗北の数週間前、アーノルドを含む歩兵隊は、現在のメーン州に当たる荒野を勢いよく横断して国境を越え、雪の降り積もるエイブラハム平原に到着した。そしてここで態勢を整え、ケベックへの攻撃に備えていた。

　アーノルドはそのわずか数カ月前、ニューヨーク北部のタイコンデロガ砦をイギリス軍から見事に奪取していた。だからこそ今回の遠征にも、大きな自信と期待をもって臨んだことは想像に難くない。彼はケベックへの途上、デッド川のそばに野営地を作り、そこに自軍の旗竿を立てた。革命への熱い思いがそうさせたのだろうが、やがてこの川ははんらんし、一行は退避を余儀なくされる。

　ケベック遠征に失敗すると、革命にかけるアーノルドの熱意は弱まっていった。部下の昇進により自分が軽視されたと感じ、またフィラデルフィアの軍事指揮官時代に多額の負債を抱えたこともあって、1780年にはとうとうイギリス側に寝返る決断をする。大金と引き換えに、アメリカの領地を売り

上：ビゲロー山から眺めたフラッグスタッフ湖。

忘れ去られた土地

118

渡そうとしたのだ。

　それから何年か経った後、アーノルドが立てた旗竿が、地元の年老いた漁師によって発見された。1800年代初頭には、肥よくな土壌、近隣の川や湖から注ぐ豊かな水、そして大量の木材資源を求めて、デッド川流域に移り住む人が増えていく。彼らはアーノルドの旗竿を代々にわたって守り、それが「フラッグスタッフ」という地名の由来となった。

　1840年代に入ると、マイルス・スタンディッシュという人物が、近郊の小さなダムを電力源とする製粉所と製材所をフラッグスタッフに建てた。隣接するデッド・リバー・プランテーションという村とともに、フラッグスタッフは栄え、隆盛の時代を築く。だが1949年になると、ウォルター・ワイマンのセントラル・メイン・パワー社が、デッド川流域のロング・フォールズに新たなダムを建設し、水力発電による電気の供給を開始する。そしてこの出来事が、2つの集落の不運を決定づけることになった。メーン州に広く電力を届ける巨大なダムの台頭により、フラッグスタッフとデッド・リバー・プランテーションは水没させられることになった。周囲の森林は伐採された上、火を放たれて一掃され、地元の学校は取り壊されて更地になった。それ以外の場所は、湖底に沈んだ。

　ちょうどその年、1949年の独立記念日の前日に発行された『ボストン・グローブ』紙によると、フラッグスタッフの住民300人は互いに挨拶をするため町へ戻り、その日から2日間かけてお別れのパーティーを開いたそうだ。彼らの大半は、ユースティスという近隣の町へすでに移り住んでいた。それなりに居

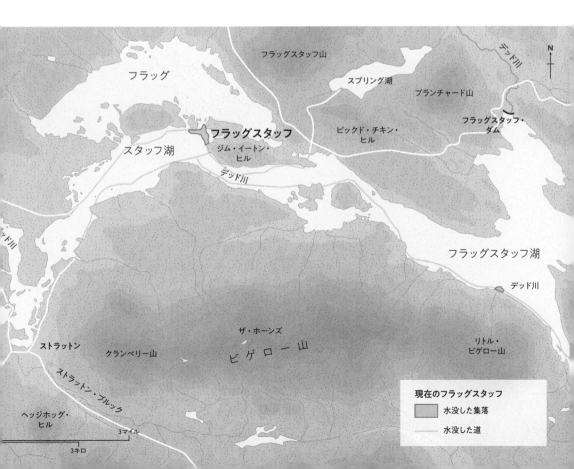

フラッグスタッフ山

フラッグ

スプリング湖

ブランチャード山

デッド川

N

フラッグスタッフ

ピックド・チキン・ヒル

フラッグスタッフ・ダム

スタッフ湖

ジム・イートン・ヒル

デッド川

フラッグスタッフ湖

デッド川

デッド川

ザ・ホーンズ

ストラットン

クランベリー山

ビゲロー山

リトル・ビゲロー山

ストラットン・ブルック

ヘッジホッグ・ヒル

3マイル

3キロ

現在のフラッグスタッフ

水没した集落

水没した道

心地の良い集落であり、ダムからは離れているため、はんらんした場合も安全だった。ただしこの時点でも、住民の一部は移住を頑なに拒否し、元の場所にとどまり続けていた。その抵抗は根強かったが、クヌート王が波を止めることができなかったのと同様に*、やがて彼らも押し流されるように町を出ていった。

　お別れのパーティーでは、親類、隣人、昔なじみの友人たちが再会し、思い出話に花を咲かせ、過ぎ去った輝かしい日々を懐かしんだ。だがそのうちに話題は変わり、フラッグスタッフの町にこれから何をしてやれるのかと、人々は話し合いを始めた。一瞬の沈黙の後、郵便局長のエバン・リービットは、フラッグスタッフに、あるものを置いていこうと提案した。あのアーノルドの旗竿のことだ。やがてメーン州最大の人造湖に沈む町のため、最後の存在の証を残してやろうとリービットは考えたのだ。

　この計画は実行され、翌年の春、フラッグスタッフは旗竿とともに水にのみ込まれたと伝えられている。町が水没したその日、旗竿にどんな旗がたなびいていたのか、歴史はまったく語ろうとしない。アメリカ国旗を冒涜する権利は、言論の自由を定めた合衆国憲法修正第1条によって法的に守られている。とはいえ、フラッグスタッフの住民が、町だけでなく、共和国の象徴たる星条旗も一緒に失ったのだとすれば、それはどれほど耐え難い悲しみだったことだろう。

* クヌートは11世紀のイングランド王。浜辺に持ち出した王座に座って足もとを濡らさないよう波に命じ、波がいうことを聞かないことを廷臣たちに示した。これによって、神の力に比べれば、王の力が空虚で価値がないことを廷臣たちに知らしめたと伝えられている。

忘れ去られた土地

左：水没以前のフラッグスタッフ
の大通り

上：フラッグスタッフの建物が湖に
沈んでいく様子。 1950年撮影。

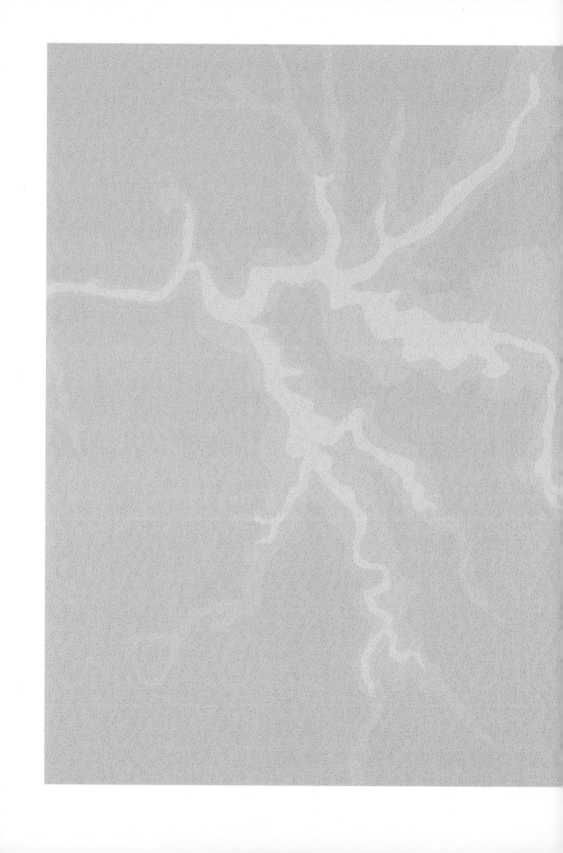

SHRINKING PLACES

縮みゆく場所

ドナウ川

RIVER DANUBE

ヨーロッパ

EUROPE

幾多の歴史的出来事の舞台となった
世界に冠たる大河ドナウも、
永遠の命を約束されてはいない。
度重なる沿岸の改良工事によって、
元の流域は 2 割ほどしか残っていない。

セバスチャン・ミュンスターは16世紀のドイツで地図や宇宙誌を製作していた人物だ。その著書『コスモグラフィア』には、ドナウ川はノアの洪水の時代に排水路として誕生したと書かれている。ドナウ川は、ギリシャ神話においては、黄金のヒツジの毛皮（金羊毛）を求めるイアーソーンとアルゴナウタイ（イアーソーンの船アルゴーに乗り組んだ勇者たち）が航行する川として登場し、歴史の父ヘロドトスからは、「我々が知るすべての川の中で最も偉大な」川と評された。約300万年前から現在のコースを流れているため、ヨーロッパが大きな歴史の転換点を迎えるとき、ドナウ川はいつもその舞台となった。中石器時代に最古の文明社会が到来し、その後、マケドニア、ローマ、ハプスブルク、オスマン、ナチス・ドイツ、ソ連などの帝国が興亡していく様子を、この川は見つめてきた。周囲の地形や名前が変化していく中、当初からほぼ一貫して地図に描かれてきた川でもある。だがその実態は、昔とは大きく変わってしまった。

ドイツ南部のシュバルツバルトを水源とするドナウ川は、ルーマニア東端のスリナまで伸び、波の打ち寄せる砂浜を通って黒海に注ぐ。南北ではなく東西に延びる点がヨーロッパの大河としては珍しく、全長2850kmの流路は現在10カ国（ドイツ、オーストリア、スロバキア、ハンガリー、クロアチア、セルビア、ブルガリア、ルーマニア、モルドバ、ウクライナ）を通過する。何世紀にもわたってヨーロッパとアジアの橋渡し役を担いながら、同時に東と西、北と南を隔てる障壁の役割も果たしてきた。さらに、現在のスロバキアとハンガリー、ルーマニアとセルビア、ウクライナとブルガリアを分ける国境としても機能している。

古代ギリシャ時代、ドナウ川は「イステル」と呼ばれ、アレクサンダー大王によって帝国北方の境界線に定められた。古代ローマ人は、ドナウ川の岸に軍事基地ウィンドボナ（ウィーン）を築き、流路に沿って軍隊を配備した。そうすることで、侵入を試みる北の蛮族から領地を守ったのだ。近年では、冷戦時代にもドナウ川は境界として利用された。ヨーロッパ大陸に「鉄のカーテン」が降ろさ

縮みゆく場所

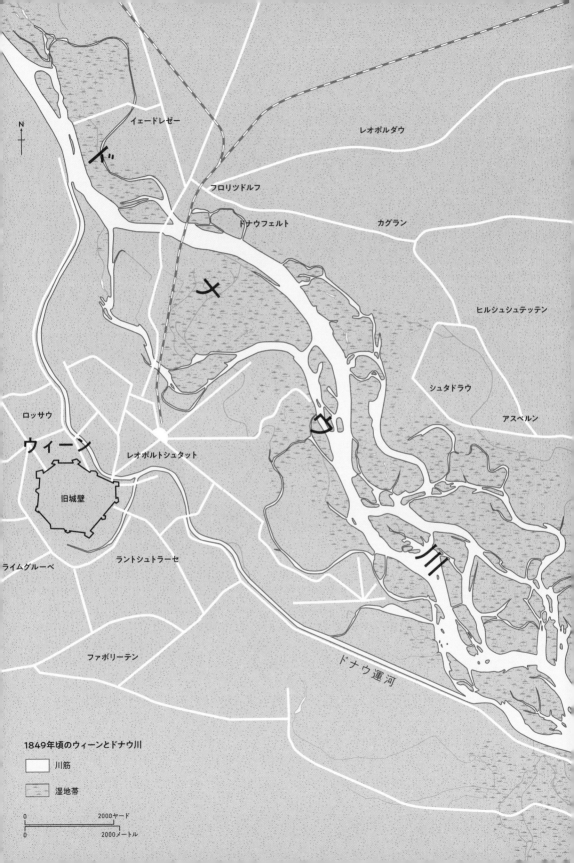

イ

ア

ウ

エ

ドナウ川

N

イェードレゼー

レオポルダウ

フロリツドルフ

ドナウフェルト

カグラン

ヒルシュシュテッテン

シュタドラウ

アスペルン

ロッサウ

ウィーン

レオポルトシュタット

旧城壁

ライムグルーベ

ラントシュトラーセ

ファボリーテン

ドナウ運河

1849年頃のウィーンとドナウ川

| 川筋 |

| 湿地帯 |

0　　　　　　2000ヤード
0　　　　　　2000メートル

上：1894年作の版画。ルーマニアの都市スリナで、ドナウ川の河口付近に新たな運河が開通した様子が描かれている。

れ、東の共産主義国家ソ連と西の資本主義諸国とが対立すると、ウィーンからブラチスラバまでの流域が「水の壁」となって東西を隔てた。つまり、ドナウ川も東西に分かれたベルリンのように分断されていたことになる。ソ連崩壊後は、ユーゴスラビア紛争末期にも、ドナウ川は一部で航行不可能となる。1999年、セルビアの都市ノビ・サドで、川にかかる自由橋がNATOに爆撃されたためだ。

欧州連合の財政支援により、現在のドナウ川は全域で航行が可能になった。しかし東の河口には、生態系に大きな被害を与えかねない危険が残されている。ハンガリー、セルビア、ルーマニアの川沿いに立つ廃工場や貯水池から、重金属や有害物質を含む汚泥が流出し、溜まったまま放置されているのだ。ソ連体制下では、ボーキサイト鉱業やウラン鉱業などの重工業が盛んに行われてきたが、その負の遺産である汚泥が水路に広がれば、流域全体に深刻な影響が出るだろう。

そもそも、ドナウ川が今日のように通航が絶えない川となったのも、近代の産業化に原因がある。川はいつしか厚い堤防で運河化され、橋が架けられ、水路に沿って埠頭やドックが建造された。こうした本格的な工事が始まったのは1870年代のことで、スエズ運河建設にも携わったフランスのカス

縮みゆく場所

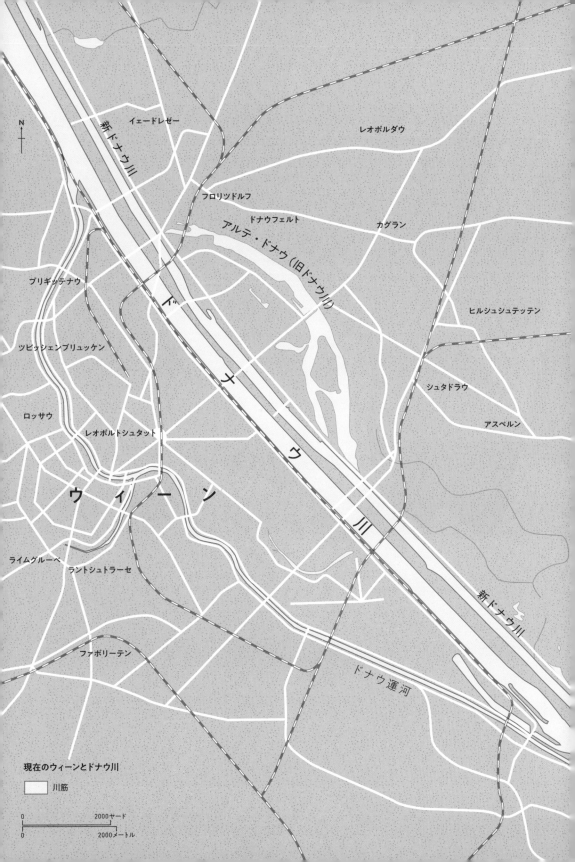

N

新ドナウ川

イェードレゼー

レオボルダウ

フロリッドルフ

ドナウフェルト

カグラン

アルテ・ドナウ（旧ドナウ川）

ブリギッテナウ

ヒルシュシュテッテン

ツビッシェンブリュッケン

ド

ナ

ウ

シュタドラウ

ロッサウ

レオポルトシュタット

アスベルン

ウィーン

川

ライムグルーベ

ラントシュトラーセ

新ドナウ川

ファボリーテン

ドナウ運河

現在のウィーンとドナウ川

川筋

0　　　　　　2000ヤード

0　　　　　　2000メートル

トール・クーブレ・エト・エルセン社が、まずはウィーンを流れる12kmの蛇行した区間を直線化した。以来、19世紀末から20世紀を通して、沿岸での「改良」工事が次々と進められていく。その結果、現在のドナウ川は元の流域の約80％を失い、自由に流れる区間を全体の30％しか持たなくなった。かつて年老いたハインリヒ・ハイネは、若きカール・マルクスに、こう覚えておくよう忠告している。「川がただの水と異なるのは、それが記憶、過去、歴史を有しているからだ」。ドナウ川も間違いなく例外ではない。だからこそ、川の健全な環境を今後も維持できるかどうかは、私たち人間にかかっている。

右：ウィーンを流れるドナウ川と新ドナウ運河。

下：夕日に染まるドナウ沿岸の工業地帯。オーストリア、リンツにて撮影。

縮みゆく場所

ドナウ川

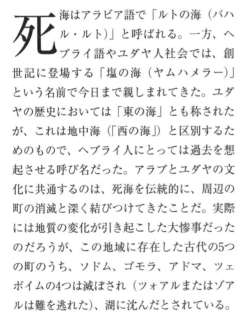

死海

THE DEAD SEA

ヨルダン／イスラエル

JORDAN/ISRAEL

死海が今、危機に瀕している。
水の供給源となっていた川の水路が変えられ、
水位が年間 1m ずつ低下し続けている。
水面の後退によって地面は至る所で陥没し、
周辺のあらゆる生態系も脅かされている。

死海はアラビア語で「ルトの海（バハル・ルト）」と呼ばれる。一方、ヘブライ語やユダヤ人社会では、創世記に登場する「塩の海（ヤムハメラー）」という名前で今日まで親しまれてきた。ユダヤの歴史においては「東の海」とも称されたが、これは地中海（「西の海」）と区別するためのもので、ヘブライ人にとっては過去を想起させる呼び名だった。アラブとユダヤの文化に共通するのは、死海を伝統的に、周辺の町の消滅と深く結びつけてきたことだ。実際には地質の変化が引き起こした大惨事だったのだろうが、この地域に存在した古代の5つの町のうち、ソドム、ゴモラ、アドマ、ツェボイムの4つは滅ぼされ（ツォアルまたはゾアルは難を逃れた）、湖に沈んだとされている。

現在のヨルダンとイスラエルにまたがる、極めて塩分濃度の高いこの湖を、最終的に「死海（マーレ・モルトゥム）」と呼んだのは古代ローマ人だ。ギリシャ人に続いて、死海の不思議な性質に魅了されたローマ人たちは、水の中に生物の気配がまったく感じられないことからその名前をつけた。

しかし、それ以降に与えられたのは、ある意味でもっとひどい名前ばかりだった。この場所を経由してシナイ山やエルサレムに向かう中世のキリスト教巡礼者からは、「悪魔の海」と呼ばれた。水の下に潜むありとあらゆる奇怪な生物が、悪臭や有害な蒸気を発していると考えられたためだ。当時も現在も、水面から強い硫黄臭が漂ってくることから、「悪臭の湖」と呼ばれていたこともある。それでも、死海が実際に死を迎えるまでの最終段階に入ったとささやかれるようになったのは、ほんのここ50年ほどの話だ。

東側をモアブの岩山、西側をジュデアン砂漠に挟まれた死海は、かなり殺風景な場所と認めざるを得ない。しかし、その盆地には先史時代から人が住んでおり、歴史的な都市でいえば、北のエリコ、南のツォアル（ゾアル）などがあった。今から数百万年前、地殻変動によって南西アジアから東アフリカを走る大地溝帯ができたとき、死海はこの地溝帯上に一緒に誕生した。かつてはガリラヤ湖に達する大きな湖の一部だったとされ、世界で最も低い海面下427mに位置する。世界第2位の

縮みゆく場所

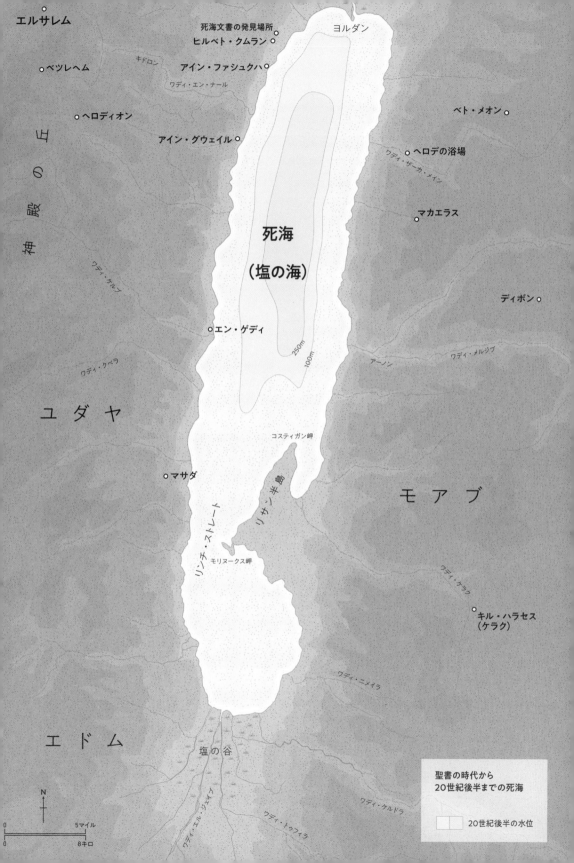

エルサレム

死海文書の発見場所
ヒルベト・クムラン

ヨルダン

ベツレヘム
キドロン
アイン・ファシュクハ

ワディ・エン・ナール

ベト・メオン

ヘロディオン

アイン・グウェイル
ワディ・ザーカ・メイン
ヘロデの浴場

神殿の丘

マカエラス

死海
(塩の海)

ディボン

ワディ・ケルア

250m
100m

ユダヤ

エン・ゲディ

ワディ・クベラ
アーノン
ワディ・メルジブ

コスティガン岬

モアブ

マサダ

リサン半島

キル・ハラセス
(ケラク)

リンチ・ストレート

モリヌークス岬

ワディ・ケラク

ワディ・ニメイラ

エドム

塩の谷

N

聖書の時代から
20世紀後半までの死海

0   5マイル

20世紀後半の水位

0   8キロ

ワディ・エル・ジェイン
ワディ・トゥフィラ
ワディ・ケルドラ

低地は、海面下152mのアッサル湖（ジブチ）とトルファン湖（中国）だから、死海がどれほど深い場所にあるかは明白だろう。ちなみに、西半球でこれらの記録に匹敵するのは、海面下85mのデス・バレー（カリフォルニア）のみである。死海は北のヨルダン川と、周囲の山々を流れる大小の河川で形成されており、その水は普通の海と比べて塩分濃度が7倍以上も高い。乾燥しやすい気候で、元々の土壌も塩分を多く含んでいることから、33%もの高い塩分濃度になるのだと考えられる。アメリカのユタ州にあるグレート・ソルト湖ですら、水に含まれる塩分は最大で27%だ。

　現在の死海は極めて危険な速度で縮小を続けている。きっかけは1960年代と1970年代に、イスラエル、ヨルダン、シリアの地域で、川の流れが変えられたことだった。農業用水の需要を満たし、拡大する都市の人口に対応するため、ヨルダン川上流と、その最大の支流であるヤルムーク川から水を引いたのである。こうして流入する水量が減ったことにより、かつて80kmあった死海の長さは、48kmにまで縮んでしまった。その水位も、年間に1mずつ低下し続けている。

　死海は数千年にわたり、地域全体——ユダヤ教、キリスト教、イスラム教の聖地に満ちた場所——を象徴する存在だった。だがいまや、自然現象が生み出したその不思議な湖は危機に瀕しており、周辺のあらゆる生態系が脅かされている。水面の後退によって地面の至る所が陥没し、道路や建物の下の地盤が揺らいでいる。そうした状況の中でも、現地にはホテルが立ち並び、体に良いといわれる死海の水を求めて、多くの観光客や巡礼者が訪れる。その水を補充するなどの思い切った行動をとらない限り、今後数十年で、死海が大惨事ともいうべき事態に見舞われるのは避けられないだろう。

下：死海の水位は急速に低下しつつある。

134-135ページ：死海近くのエイン・ゲディに見られる陥没穴。 2012年、イスラエルにて撮影。

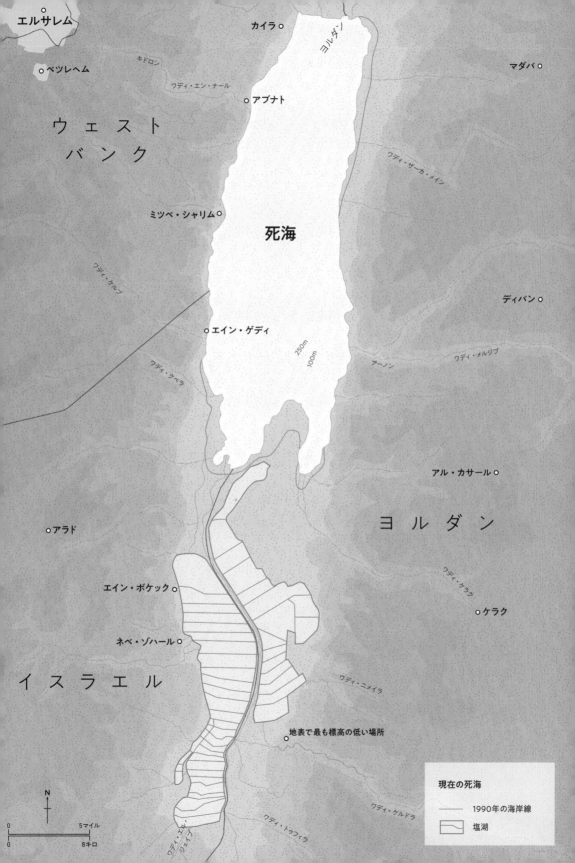

エルサレム

カイラ○

ヨルダン

マダバ○

○ベツレヘム

キドロン

ワディ・エン・ナール

ウェスト
バンク

○アブナト

ワディ・ザーカ・メイン

ミツペ・シャリム○

死海

ディバン○

ワディ・ケルン

エイン・ゲディ○

250m
100m

ワディ・ケベラ

アーノン

ワディ・メルジブ

アル・カサール○

ヨルダン

○アラド

ワディ・ケラク

エイン・ボケック○

○ケラク

ネベ・ゾハール○

ワディ・ニメイラ

イスラエル

ワディ・エル・ジェイブ

地表で最も標高の低い場所○

N

ワディ・トゥフィラ

ワディ・ケルドラ

0　　　5マイル
0　8キロ

現在の死海

―――― 1990年の海岸線

塩湖

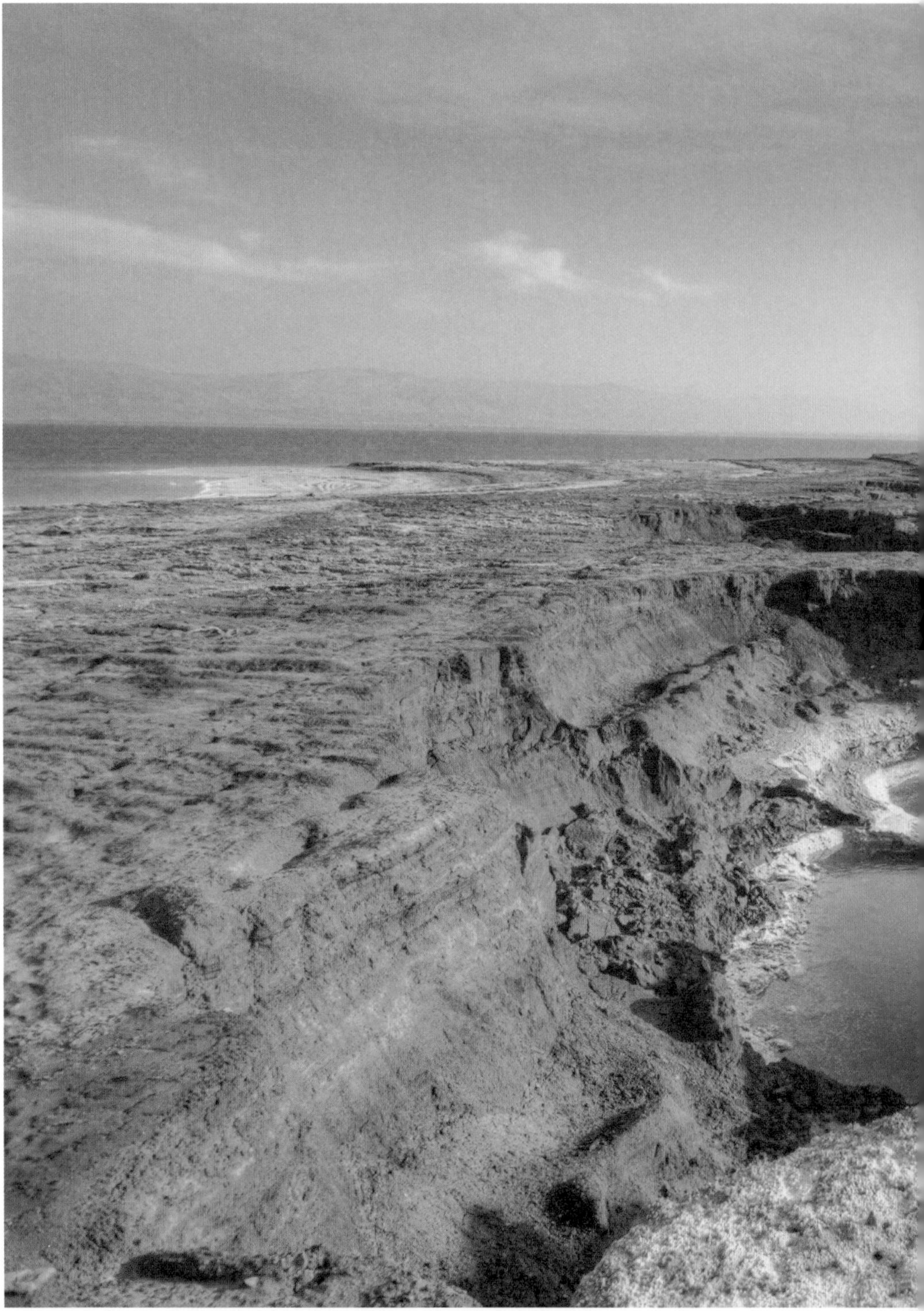

死海

スリムス川

SLIMS RIVER

ユーコン準州、カナダ

YUKON, CANADA

地球温暖化に伴う氷河の後退が
極北の地に驚くべき事態を招いた。
わずか 4 日で、一つの川が消え去ったのだ。
かつて豊かな流れがあった場所では
今、野生のヒツジが草を食んでいる。

「河川の争奪」という言葉からどんなイメージを思い浮かべるだろうか。ボートに乗った襲撃者が河口から侵入して川を占拠し、略奪行為を繰り広げる——そんな様子だろうか。しかし、この言葉を地形学者が使うときには専門的な意味がある。地形学者とは、地表や基盤、海底や川床の変化を調査する科学者のこと。地形学の分野で「河川の争奪」といえば、1つの川の上流部が、別の川に奪われる現象を指す。この現象は古代から流域の砂利に刻まれてきたため、地質記録としては、争奪の痕跡は確認されていた。しかし2016年、地形学者たちは、その驚くべき事例を自らの目で観察する機会に恵まれた。この年、カナダを流れるスリムス川が河川の争奪に遭い、わずか4日で消えてしまったのだ。

これにより、地域の景観は様変わりした。かつて水が流れていた場所では、野生のヒツジが草を食むようになった。魚もいなくなった。少し前まで魚たちが泳ぎ、産卵していた場所は消え、砂と泥だらけの川床と堆積岩（たいせきがん）が露出した。沿岸集落のバーウォッシュ・ラン

ディングとデストラクション・ベイも、川を失った結果、どこか不自然な姿になった。ボートやカヌーが所在なげに取り残されてしまったからだ。川の突然の消滅は、地域に衝撃を与えた。しかし、この現象を引き起こした究極的な原因は、スリムス川流域を含む地球環境全体に、いっそう大きな打撃を与えることになるかもしれない。

スリムス川は少なくとも300年の間、セント・イライアスの山間に発達したカスカウォルシュ氷河を水源としていた。カナダのユーコン準州に位置するこの地域は、1890年代に起きたクロンダイク・ゴールドラッシュの舞台として知られている。人がほとんど住まない寒々とした場所だが、山脈、湖、ツンドラ、北方森林が広がる雄大な景色でも有名だ。かつて氷河から溶け出した水は、北東に進路をとって絶えずスリムス川に注ぎ、クルアニ湖を経由してベーリング海に流入していた。

ところが2016年の春、カナダでも有数の大氷河がわずか数日間で溶け、これまでにないほど遠くへ後退した。結果的に勾配が変化し、融解水はスリムス川をそれて南へ流れ、

縮みゆく場所

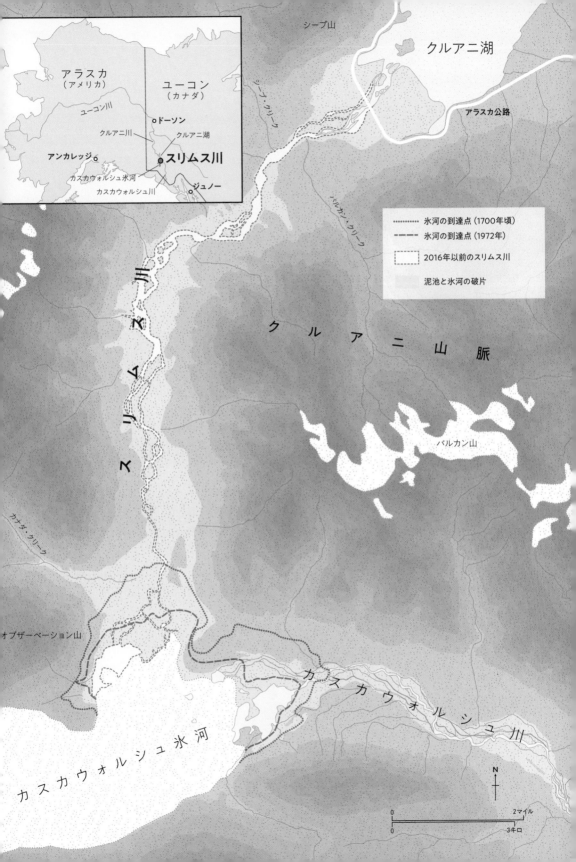

シープ山

クルアニ湖

アラスカ公路

氷河の到達点（1700年頃）

氷河の到達点（1972年）

2016年以前のスリムス川

泥池と氷河の破片

シープ・クリーク

バルカン・クリーク

ク　ル　ア　ニ　山　脈

スリムス川

バルカン山

カナダ・クリーク

オブザーベーション山

カスカウォルシュ　川

カスカウォルシュ氷河

N

0　　　　　　　2マイル

3キロ

アラスカ湾につながるカスカウォルシュ川へ注ぐようになる。氷河は2つの流路の境界上に位置していたため、以前はどちらの川にも均等に水を送っていた。だが氷が溶けて小さくなったことで、そのバランスがはっきり変化し、スリムス川は水源を失って枯渇していった。一方のカスカウォルシュ川は活性化され、水の勢いを増した。

　スリムス川が、以前の豊かな姿に戻る見込みは少ない。急に後退した氷河が、再び急に前進するようなことがあれば融解水の流れを取り戻せるかもしれないが、それもしばらくの間は無理だろう。現時点で北米のこの地域では、気温が低下するどころか、上昇を続けると予測されているからだ。そして氷河がこれ以上後退すれば、ユーコンの地形に与える変化は、もはや予測できないものとなる。そうなれば必然的に、現地で暮らす人間、動物、鳥類、植物の命と生活にも影響が及ぶはずだ。

右：クルアニ湖へ注いでいた頃のスリムス川。

下：スリムス川流域に広がるクルアニ湖と氷積土を、クルアニ国立公園の端から眺めた様子。

縮みゆく場所

スリムス川

スキップシー

SKIPSEA

ヨークシャー、イギリス

YORKSHIRE, UK

北海に面した町、レイブンザー・オッド。
漁港兼貿易港として栄えていたが、14 世紀半ばに
波の浸食を受け、みるみる水没していった。
その少し内陸にあるスキップシーも
今、同じ危機にさらされている。

レイブンザー・オッドという地名は、子音と母音が混ざり合う甘美な響きとは対照的に、当時の人々から恐れられた名前だった。この場所は、現在のヨークシャー東沿岸にあるスパーン岬の近く、ハンバー川から北海につながる砂地の上にあった。主要な漁港兼貿易港として、埠頭（ふとう）、倉庫、ボートヤードを備え、周辺には市場、刑務所、教会、居酒屋まで取り揃えていた。誠実に働く者も、そうでない者も、海洋貿易に従事する労働者は誰でも受け入れる中世の町だった。

13世紀に入ると、レイブンザー・オッドの経済的重要性は高まり、近隣のハルやグリムズビーをしのぐほどになる。さらには競合する港に対して優位な立場を保つため、悪名高き水先人の手引きによる、積荷の買い占めまで行うようになった。ハンバー川沿岸のライバル港へ商船が向かっていると見るや、水先人がそれを自分の港、つまりレイブンザー・オッドへ先に誘導してしまうのだ。こうしたやり方は、違法ではない場合もあったが、ほとんどは不正と見なされた。だがいずれにせよ、これらの悪賢い活動は功を奏した。レイブンザー・オッドの商人はあらゆる積荷を最初に入手することができ、船舶雑貨商や船大工も修理の仕事にありつくことができた。

レイブンザー・オッドの伝説が後に語られるようになったとき、この町が最終的に滅びたのは天罰ではないかという見方もあった。悪徳船員たちに激怒した神が、海を動かし、町を地上から洗い流してしまったというわけだ。実際に神の力が働いたのかどうかはさておき、1340年代に、レイブンザー・オッドが立つ砂地は侵食され、そこにあった多くの家が押し流された。

1355年には町の3分の2以上が水没し、住民の大半が離れていった。その7年後には、「大量溺死」と呼ばれる激しい嵐が（名前の通り、多くの人命を奪いながら）東海岸一帯を襲い、わずかに残っていたレイブンザー・オッドを海中へ運び去った。

東ヨークシャーのこの地域、フランバラ岬からスパーン岬までの一帯に存在した20以上の町や村は、中世以降にすべて北海へ沈んでしまった。陸地の侵食が急速に進んだ結果であり、集落の一部は現在、海岸から6kmの沖

縮みゆく場所

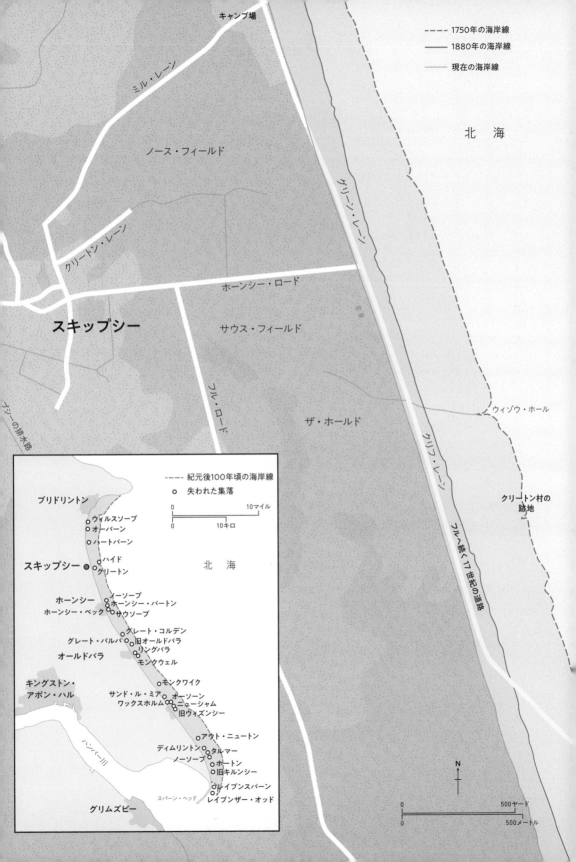

キャンプ場

北　海

ミル・レーン

ノース・フィールド

クリーン・レーン

1750年の海岸線
1880年の海岸線
現在の海岸線

クリードン・レーン

クリードン・レーン

ホーンシー・ロード

スキップシー

サウス・フィールド

ウィゾウ・ホール

フル・ロード

ザ・ホールド

クリーク・レーン

クリートン村の
跡地

ブジーの排水路

フルへ続く17世紀の道路

ブリドリントン

紀元後100年頃の海岸線
失われた集落

ウィルスソープ
オーバーン

0　　　　　　　　　10マイル
0　　　　　　　10キロ

ハートバーン

北　海

スキップシー
ハイド
グリートン

イーソープ
ホーンシー・バートン
サウソープ

ホーンシー
ホーンシー・ベック

グレート・コルデン

グレート・パルパ
旧オールドバラ
リングバラ

オールドバラ

モンクウェル

**キングストン・
アポン・ハル**

モンクワイク

サンド・ル・ミア
オーゾーン
ワックスホルム
ニューシャム
旧ウィズンシー

アウト・ニュートン

ディムリントン
タルマー
ノーソープ
ポートン
旧キルンシー

ハンバー川

レイブンスバーン

スパーン・ヘッド
レイブンザー・オッド

グリムズビー

N

0　　　　　　　500ヤード
0　　　　　　　500メートル

合に眠っているとされる。1952年、これらの消滅した集落に関する調査結果が、『ヨークシャー考古学ジャーナル』誌で発表された。

かつてスキップシーの南東に存在したクリートンという町も取り上げられており、地元の歴史家であるM・W・ベレスフォードは、その消失を「水没によるもの」と簡潔に説明している。これはつまり、スキップシーにも同様の危険が迫っているということだ。ただちに対策を講じなければ、沿岸の居住域も、キャラバンパークも、崖の上のコテージやバンガローも、やがてクリートンのように海に沈んでしまうだろう。クリートン自体、すぐ北にあるハイドという港町が6世紀以上前に消滅した後、それを追うように消えていったのだ。

現在のスキップシーが危うげに立っている場所は、ローマ・ブリテン時代には、海から徒歩で1時間ほどの内陸にあった。ここには

ノルマン朝時代に城と荘園が築かれ、周辺に集落が発展した。この集落が海にここまで近づいたのは、1600年頃のことだ。古ノルド語で「船」を意味するスキップと、「湖」を意味するシーを組み合わせたスキップシーという名前は、現地にあった湖に由来する。

その水はかつて、航行可能な複数の水路を流れ、フル川に達していた。やがて湖が枯れると、湖底から農地に適した肥沃な泥池が現れる。ウルロームとスキップシーの間には今なお放棄された区画が点在しているが、そこに残るさびた機械、荒廃した建物、破壊された小屋などを見れば、この地域で広く農業が行われていたことは明らかだ。

1930年代、サウスウィック・ファームの崖の上に休暇用のコテージが建てられると、スキップシーは沿岸の観光地になった。ホーンシーやウィズンシーにある主要なリゾート地に比べれば地味だが、きれいな空気や海水浴

などを目当てにやってくる人々は、スキップシーのひなびた雰囲気を好んだ。1950年代と60年代に建設されたキャラバンパークも多くの観光客を集め、その素朴で美しい景色が今も人気を呼んでいる。パークがある草深い平地は、赤茶色の切り立った、脆い崖へと続いていく。崖の先には砂浜があり、北海の波が絶えずそこに打ち寄せる。

　柔らかい巨石でできたこの海岸線は、誕生から現在までほぼ絶えず浸食を受けてきた。というのも、ここはまだ北海がライン川やハンバー川を水源とする沼地であった頃、最終氷期の終わりに氷河から溶け出た粘土でできた海岸だったからだ。公式に認められている通り、現時点のヨーロッパにおいて、スキップシーほど急速に浸食が進んでいる海岸は他にない。スキップシーからスパーン岬までの陸地は、年間に1.5〜2mずつ後退しており、近年ではそれを上回る速度も記録されている

そうだ。高さ20m近い崖が一晩で消えるといった、大規模な崩落も何度か起きている。

　以前のスキップシーは、はるか南のタンストールにあるサンド・ル・ミア・ホリデー・パークと幹線道路でつながっていた。だが崖の崩落によって、この道路は放棄せざるを得なくなった。他の道路も浸食を受けて閉鎖されたため、グリーン・レインの住民たちは、裏口から家の敷地に入ることを余儀なくされている。マップレトン、ウィズンシー、イージントンの海沿いに建てられた堤防が、スキップシーの方向へ水を送るようになったことが、状況を悪化させたのだと憤る声も聞かれる。そこでスキップシーでは、陸地が「ある程度まで」減少することを受け入れながら、同時に防御を高めるための計画が実施されてきた。それでも、海水位は今後100年で1m上昇すると予想されており、町の存続が危ぶまれている状況だ。

下：崖が浸食された、スキップシーの海岸。

エバーグレーズ

THE EVERGLADES

フロリダ、アメリカ

FLORIDA, USA

今から 100 年前、広大な湿地帯から水を抜き、
経済を発展させることに尽力した政治家がいた。
当時、彼の思いは世に受け入れられ、
開発が進められたが、結果として環境破壊が進み、
多くの種が絶滅の淵に立つこととなった。

2016年のアメリカ大統領選挙期間中、ドナルド・トランプは「沼の水を抜く」と繰り返し訴え、それを公約に掲げていた。ブロック体の大文字に感嘆符つきで「DRAIN THE SWAMP!」（沼の水を抜け！）とツイッターに再三投稿されたこのフレーズは、トランプ支持者の間で熱狂的に広まり、彼らの集会のスローガンとなった。ただし、当時のトランプが使った「沼」という言葉は、あくまでも比喩としてだった。彼が考えるところの、ロビイストによる政府への不適切な影響を「沼」と表現したのである。ロナルド・レーガン同様、ワシントンにはびこる「官僚主義」を撲滅するというのが、トランプのコメントの真意だった。

しかし20世紀初頭のアメリカに、「沼の水を抜く」というスローガンをほぼ文字通りの意味で掲げて、州知事選挙に当選した1人の政治家がいた。それが民主党のナポレオン・ボナパルト・ブロワードである。ブロワードを知事に選出したのはフロリダ州だったが、偶然にもこの州内のパームビーチには、トランプが「冬の間のホワイトハウス」と呼ぶ

マー・ア・ラゴがある。

ブロワードは1857年、フロリダ州デュバル郡に生まれた。祖父と父親は農場を経営して財を成し、南北戦争以前には奴隷を所有していた。そのためブロワード自身も、人種に関してはかなり根強い偏見を受け継いでいたようだ。南部連合を忠実に支持するブロワード一家の農場は、南北戦争中に破壊され、働いていた奴隷たちも北軍によって解放された。一家は残された土地の大半を売り払うことを余儀なくされ、以降も経済的に苦しい生活が続く。学費すら支払えない状況の中、ブロワード少年は家にとどまり、畑でジャガイモやサトウキビを育てた。そうした作物の栽培には失敗することも多かったと、後年に本人は回想している。

その後、ブロワードはさらなる悲劇に見舞われた。12歳で孤児になったのだ。長く病を患っていた母は自殺し、彼女を墓地で一晩中弔っていた父は、まもなく肺炎にかかって亡くなった。南部連合軍の大尉であった父は、南北戦争後、人が変わったように酒に溺れていた。ブロワードが成長した後も、不幸は続

上：1860年の版画。鹿やフラミンゴといった、エバーグレーズの魅力的な動物が描かれている。

いた。最初の妻が出産の際に命を落とし、生まれたばかりの娘も死亡した。しかし、ちょうどこの頃、ブロワードに転機が訪れる。利益の見込めない貧相な畑に見切りをつけた彼は、オレンジの果樹園を世話するかたわら、いかだ乗りとして生計を立て始めた。ブロワードが自身の天職、すなわちセント・ジョンズ川を行く蒸気船の甲板員という仕事を見つけたのは、それからまもなくのことだった。

ブロワードは30歳までに自身のタグボートを手に入れて成功を収め、裕福な実業家となった。彼はビジネスを手広く拡大し、海難救助、造船、製材、しゅんせつ、リンの採掘までを手がけた。身長190cmの堂々とした体格と、セイウチのような立派な口ひげ——いつも手入れは完ぺきだったが、せっけんを泡立たせるのも苦労したに違いない——から想

像するイメージとは対照的に、本人はその取引の誠実さや、庶民的で素朴な人柄、率直な物いいで人々から好かれていた。

自身の川船で酒の販売を禁じたことでも尊敬され、やがてジャクソンビルの保安官に就任する。その初期の公務を通じて、ブロワードは汚職や賭博を取り締まり、またボクシングなどの「下品な」スポーツに反対する活動を率いた。その後は「ザ・スリー・フレンズ」と名づけたタグボートを使って国内での知名度を高めていき、米西戦争中の1898年には、アメリカの支援を受けた反スペイン勢力に武器を送り届けている。そしてブロワードは次なる目標を、1904年に故郷フロリダで行われる州知事選挙に定めたのだった。

ブロワードはこの選挙を通じて、さまざまな公約を掲げた。だが一般有権者の心を最も

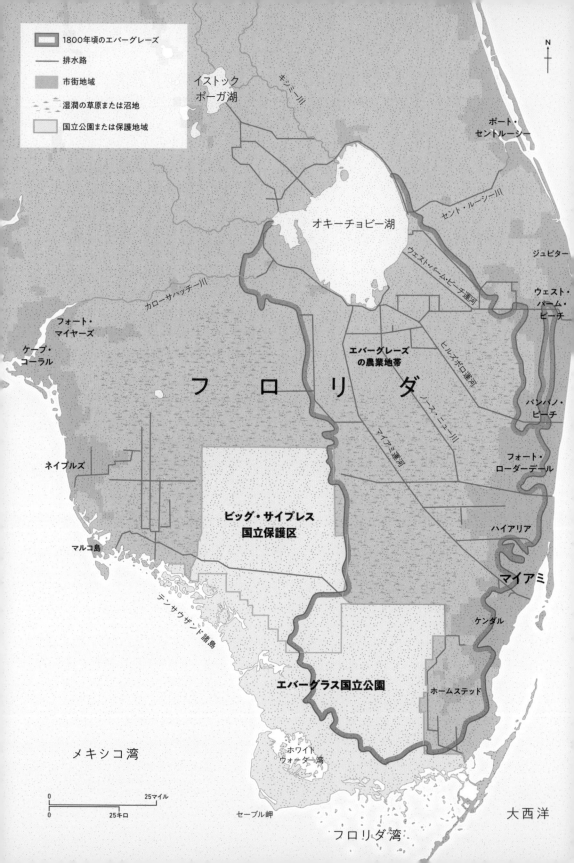

凡例

- 1800年頃のエバーグレーズ
- 排水路
- 市街地域
- 湿潤の草原または沼地
- 国立公園または保護地域

N

イストック
ポーガ湖

キシミー川

ポート・
セントルーシー

オキーチョビー湖

セント・ルーシー川

ジュピター

ウェスト・パーム・ビーチ運河

カローサハッチー川

エバーグレーズ
の農業地帯

ウェスト・
パーム・
ビーチ

フォート・
マイヤーズ

フ　ロ　リ　ダ

ヒルズボロ運河

ノース・ニュー川

パンパノ・
ビーチ

ケープ・
コーラル

マイアミ運河

フォート・
ローダーデール

ネイプルズ

ビッグ・サイプレス
国立保護区

ハイアリア

マルコ島

マイアミ

テンサウザンド諸島

ケンダル

エバーグラス国立公園

ホームステッド

メキシコ湾

ホワイト
ウォーター湾

0　　　　25マイル

0　　　　25キロ

セーブル岬

大西洋

フロリダ湾

強くつかみ、最終的に彼を勝利に導いたのは、「疫病のまん延する沼から水を絞り尽くし、エバーグレーズの帝国を築く」という約束だった。

かつて完全に水没していたフロリダのエバーグレーズは、「草の川」の名で知られる広大な湿地帯である。何世紀もかけて発展したこの場所は、雨や川が注ぐ潮汐湿地や、マングローブの育つ湿原や、広葉樹が茂る高地を含む。総面積は1万2140km²あり、現在のオーランドの南からオキーチョビー湖を経由し、フロリダ半島南端まで広がっている。エバーグレーズ全域を初めて調査したのは、当時の陸軍長官であり、未来の（そして唯一の）アメリカ連合国大統領となるジェファーソン・デイビスだ。その調査結果は1856年に、『デイビス・マップ』として出版された。

実のところ、エバーグレーズを部分的に排水する構想を練っていたのは、ブロワードの前のフロリダ州知事であるウィリアム・シャーマン・ジェニングスも同じだった。だが、ブロワードはジェニングス以上に、自身の使命に燃えていた。フロリダ有数の湿地帯に中産階級の自作農を迎え入れたいと夢見ていた彼は、その夢が実現するのかと疑われたとき、平然とこういい返したという。「確かに、エバーグレーズは湿原だ。でも60年前はシカゴだってそうだった」。

1906年、エバーグレーズの内陸で排水事業が始まった。ブロワードはその4年後、上院議員に当選した直後に亡くなっている。51歳の若さだった。しかし、彼の開始した事業はその後も継続され、結果的にエバーグレーズの面積は元の半分以下にまで縮小していく。1922年に『マイアミ・ヘラルド』紙はアメリカで最も分厚い新聞となったが、これはフロリダ州の土地の分譲広告が同紙に大量に掲載されたためだった。

フロリダ州南部には新たな幹線道路もでき、総計2900kmに及ぶ運河網が張り巡らされた。そうした急速な都市化と工業化は、誰の目にも将来の発展と繁栄を予感させた。当初エバーグレーズにやってくるのは、たくましい自作農、小自作農を目指す人、農学者、抜け目のない投機家といった、泥臭い野心に満ちた人々だった。しかし、その顔ぶれは次第に様変わりし、大量生産・大量消費を追求するフォード主義の野菜栽培者、果物缶詰業者、不動産開発業者、テーマパーク設計者、日光を求める観光客や退職者などが集まるようになる。しかし問題は、1920年代から、湿地の縮小を懸念する声が上がり始めていたことだった。

1928年、景観設計家で庭師のアーネスト・F・コーは、エバーグレーズの一部を国立公園として保存すべきだと提案した。1925年にマイアミのココナッツ・グローブに移住してきたコーは、豊かな野生生物が暮らすエバーグレーズに魅了され、この地が失われることを危惧していたのだ。エバーグレーズに関心がなく、広い共同体におけるその価値を理解できない地主や州当局者からは反対の声も上がった。しかし1934年、コーの提案はついに採用され、ルーズベルト大統領がエバーグレーズ国立公園法案に署名する。公園化に伴う損失補償や、正確な境界線に関する合意がまとまったのは、それからさらに13年後のことだった。

1947年、トルーマン大統領の尽力により、総面積6000km²を誇るエバーグレーズ国立公園が完成した。「ここには天に届く高い山も、巨大な氷河も、奔流もない……ここは静かな美しさの中に、安らぎを感じられる場所。水の源ではなく、水が最後にたどり着く場所だ」とトルーマンは述べている。さらにいえば、エバーグレーズは、「生物の驚異」とい

うテーマに基づいて設立されたアメリカ初の国立公園でも
あった。しかし、その誕生からわずか20年以内には、フロリ
ダパンサー、スネイルカイト、ハマヒメドリの仲間といった
固有の美しい動物たちが、連邦政府作成の絶滅危惧種リスト
に加えられた。

　追い打ちをかけるように、まもなくアメリカワニもこのリ
ストに加わった。フロリダ湾岸に生息するアメリカワニの頭
数は、1970年代半ばの時点で、わずか200頭にまで減少してい
たという。その数十年後、野生生物の保護は、ついに大きな
政治問題へと発展した。エバーグレーズでも自然を取り戻す
ための管理活動が次々と行われたが、動物たちは今なお（末
期的とはいわないまでも）危機的な状況に置かれている。そ
うした脆弱性は、フロリダという州自体にも指摘できること
だ。近年のフロリダ州は、例年以上の勢力と頻度で襲来する
ハリケーンや、例年以上に長引く内水に苦しめられている。
今世紀末には周辺の海水位が1.5m上昇するとの予測もあり、
それが的中すれば、マイアミの街全体とその都市圏にある約
100万の住宅が水中に沈むことになる。

　水没につながる不安要素は他にもある。エバーグレーズで
は海水による浸食が進み、その結果として湿地が後退しつつ
あるのだ。当初は海岸の汽水域で多様な生物とともに自生し
ていたマングローブ林も、次第に内陸へと追いやられてし
まった。マングローブ林は年間30mという速さで海から遠ざ
かっているため、その様子を「死の行進」と呼ぶ人までいる
ほどだ。さらには、河川に流出した古い化学肥料や、侵略的
外来種の動植物も、エバーグレーズの不安定な生態系を脅か
している。そのうち最も破壊的な影響を及ぼしている種がメ
ラレウカだ。オーストラリア原産の早生樹であるメラレウカ
は、1900年代初頭に南フロリダに持ち込まれて大量栽培され
ると、旺盛に生育し、湿原をすっかり干上がらせた。そして
山火事のように広がりながら、ソーグラスの生える沼や湿潤
な草原を支配し、土着植物を駆逐していった。

　また、サンショウモドキも同様に危険である。南米で鑑賞
用に栽培されていたこの低木は、1950年代に北米へ輸入され、
主に個人の庭園でエキゾチックな風情を添えるために植えら
れた。戦後の主婦たちは、時を同じくして誕生したボサノバ
のような魅力をサンショウモドキに感じたのだろうが、実際
その繁殖力は強く、オーストラリア産のメラレウカにも負け

縮みゆく場所

ないほどだった。動物でいえば、ビルマニシキヘビがエバー
グレーズの生態系に大きな被害を与えた。そのほとんどは、
家庭でペットとして飼われていたものの、飼い主の怠慢に
よって逃げ出したり、捨てられたりした個体である。

　1980年代後半以降、ビルマニシキヘビはその数を大きく増
やすと同時に、地域の食物連鎖を乱していった。この種のヘ
ビが捕食するのは水辺にいる鳥、幼若哺乳類、ワニなどだが、
それらの動物の中には、すでに深刻な危機を迎えている絶滅
危惧種も含まれていたからだ。こうした現状を考えると、エ
バーグレーズは消滅するか否かの瀬戸際に立たされていると
いってよい。救済のためには思い切った措置を講じること、
そして沼を排水するのではなく、守るために立ち上がる勇敢
な政治家が必要だろう。

エバーグレーズ

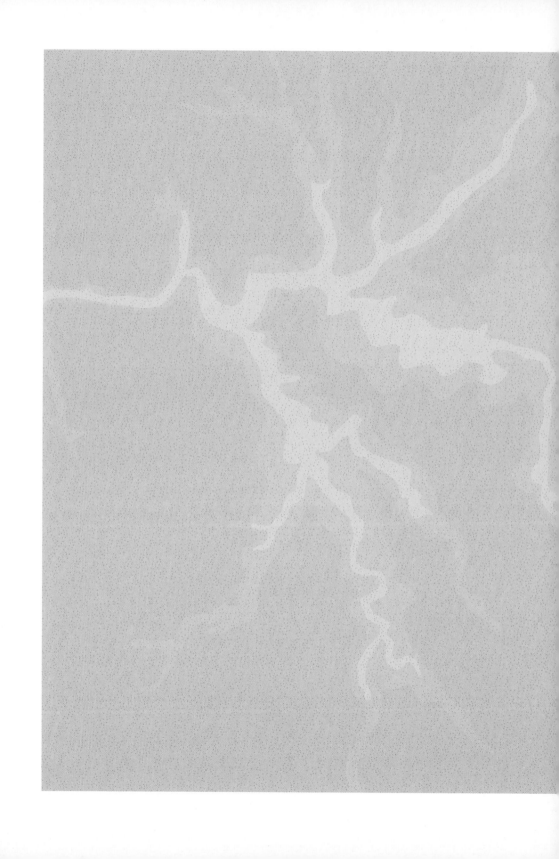

THREATENED WORLDS

消滅寸前の場所

グレイシャー国立公園

GLACIER NATIONAL PARK

モンタナ州、アメリカ　　　　MONTANA, USA

19 世紀末、あるジャーナリストがこの美しい渓谷を
「北米大陸の王冠」と呼んだ。
以来、世界的な景勝として人々を引きつけている。
しかし、風景の核をなす氷河は年々縮小し続ける。
その進行を食い止めるのは、ほぼ不可能だ。

南北戦争中の1864年、アメリカ大統領エイブラハム・リンカーンは、ヨセミテ州立公園法に署名した。これはアメリカ政府が定めた最初の公園法であり、カリフォルニア州ヨセミテの美しい自然の保護と公共利用を目的としたこの法律以降、アメリカでは次々と国立公園が設立されるようになった。同じ1864年、数年前に合衆国を脱退した南部諸州と入れ替わるように、モンタナが準州として北部に加盟した。モンタナは、ネバダ、アリゾナ、アイダホなどの州で構成される西部地区の一員となり、1886年には正式な州に昇格する。

モンタナ州は素晴らしい景色の宝庫だ。西にロッキー山脈、東になだらかなグレートプレーンズ、南にイエローストーン国立公園を擁し、その内側でさまざまな景色が混ざり合う。雪をかぶった高山、深い谷、緑の森、澄んだ水をたたえる湖、どこまでも広がる草原、黄金の穀物が揺れる畑、くすんだ茶色の休閑地——それぞれに独自の美しさがある。

カナダと国境を接した州の北西部、ロッキー山脈の合間には、氷の点在する狭い渓谷

が続いている。険しくも、極めて美しい渓谷だ。この場所は、アメリカ先住民のブラックフットから「世界の背骨」と呼ばれ、1890年代にはジャーナリストのジョージ・グリンネルによって、「北米大陸の王冠」と称された。グリンネルは、この地域の雄大な自然を活字を通して賛美し、その魅力を世界に知らしめた人物である。また彼は、渓谷の一部を国立公園にすべきだといち早く提案し、モンタナ州選出の下院議員チャールズ・N・プレイから支援を取り付けた。グリンネルの構想は政治的な後ろ盾を得ることになった。こうして1910年5月11日、グレイシャー国立公園が誕生する。1932年には、カナダのウォータートン・レイク国立公園と、国境をまたいでつながり、世界初の「国際平和公園」となった。

グレイシャー国立公園は、単独で4144km^{2}を占める広大な公園だ。園内には、標高3000m を超える山岳6つを含む2つの山脈と、130の湖が存在する。植物は1000種、動物は100種を数え、ハイイログマ、シロイワヤギ、ヒメトガリネズミ、エルク、オオツノヒツジなどが生息している。しかし、グレイシャー

上：2016年に撮影されたグリンネル氷河。この氷河は1966年から2015年までの間に、45%縮小した。

（Glacier＝氷河）という名前が示す通り、この国立公園の最も大きな見所の1つは氷河である（「氷河だった」という方が正確かもしれない）。

　更新世が始まった約260万年前、地球上の陸地の大半は氷河に覆われていた。寒冷な最終氷期に入ると、海水中の水分が氷になったことで、北半球の海面が90m以上低下する。この時期には、現在のモンタナ州とロッキー山脈がある地域の一部にも、厚さ1.6kmほどの氷床が発達していたと見られる。ところが、約1万2000年前に大規模な雪解けが始まると、地域の景観は劇的に変化した。氷は溶けながら移動し、後から堆積岩が露出した。

　園内に残っている氷河は、約7000年前に形成されたものと推測される。いうまでもないことだが、氷河とは氷、雪、水、堆積岩の塊であり、春や夏に溶け残った氷や雪が年々蓄積して作られる。公園の歴史調査から判明している通り、1850年当時、園内には150の氷河が存在していた。だが、そのうち現存しているのは37氷河で、いわゆる「活動的な氷河」に値するものは25しかない。しかも20世紀の間に、これらの氷河は、体積の85%を失ってしまった。

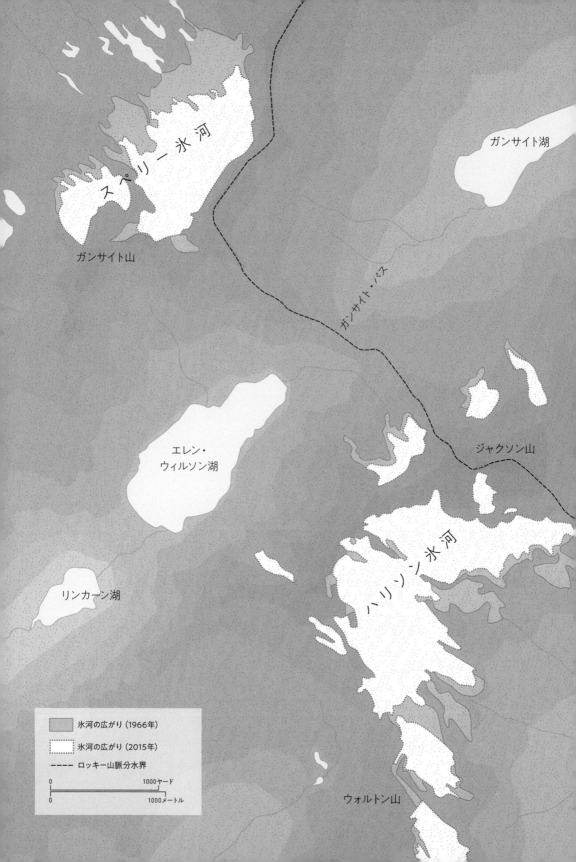

ガンサイト湖

スペリー氷河

ガンサイト山

ガンサイト・パス

エレン・
ウィルソン湖

ジャクソン山

ハリソン氷河

リンカーン湖

氷河の広がり（1966年）

氷河の広がり（2015年）

ロッキー山脈分水界

| 0 | | 1000ヤード |

| 0 | | 1000メートル |

ウォルトン山

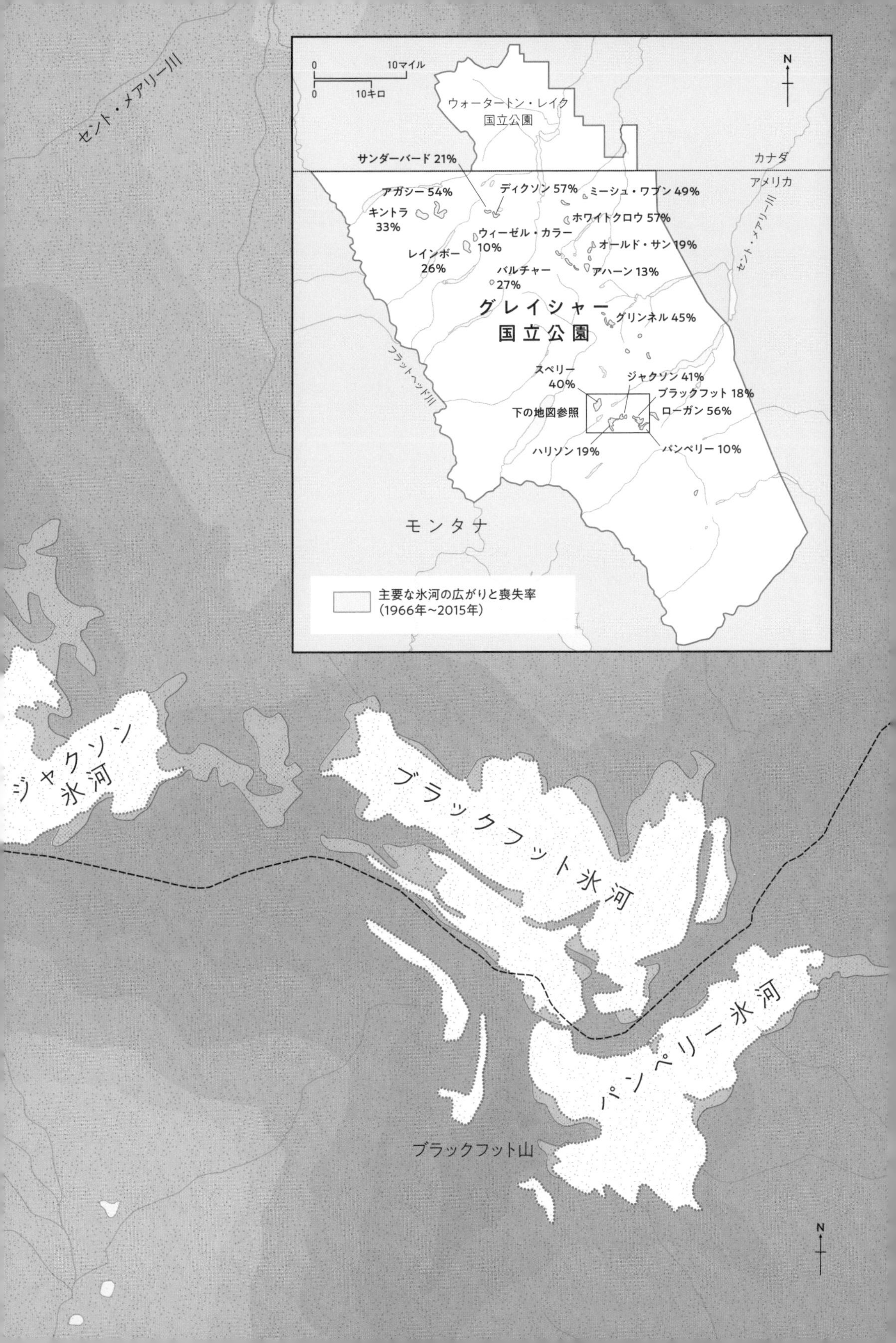

セント・メアリー川
0
10マイル
0
10キロ
N
ウォータートン・レイク
国立公園
カナダ
アメリカ
サンダーバード 21%
アガシー 54%
ディクソン 57%
ミーシュ・ワブン 49%
キントラ
33%
ホワイトクロウ 57%
ウィーゼル・カラー
10%
オールド・サン 19%
レインボー
26%
バルチャー
27%
アハーン 13%
セント・メアリー川
グレイシャー
国立公園
グリンネル 45%
フラットヘッド川
スペリー
40%
ジャクソン 41%
ブラックフット 18%
下の地図参照
ローガン 56%
ハリソン 19%
パンペリー 10%
モンタナ
主要な氷河の広がりと喪失率
(1966年~2015年)
ジャクソン
氷河
ブラックフット氷河
パンペリー氷河
ブラックフット山
N

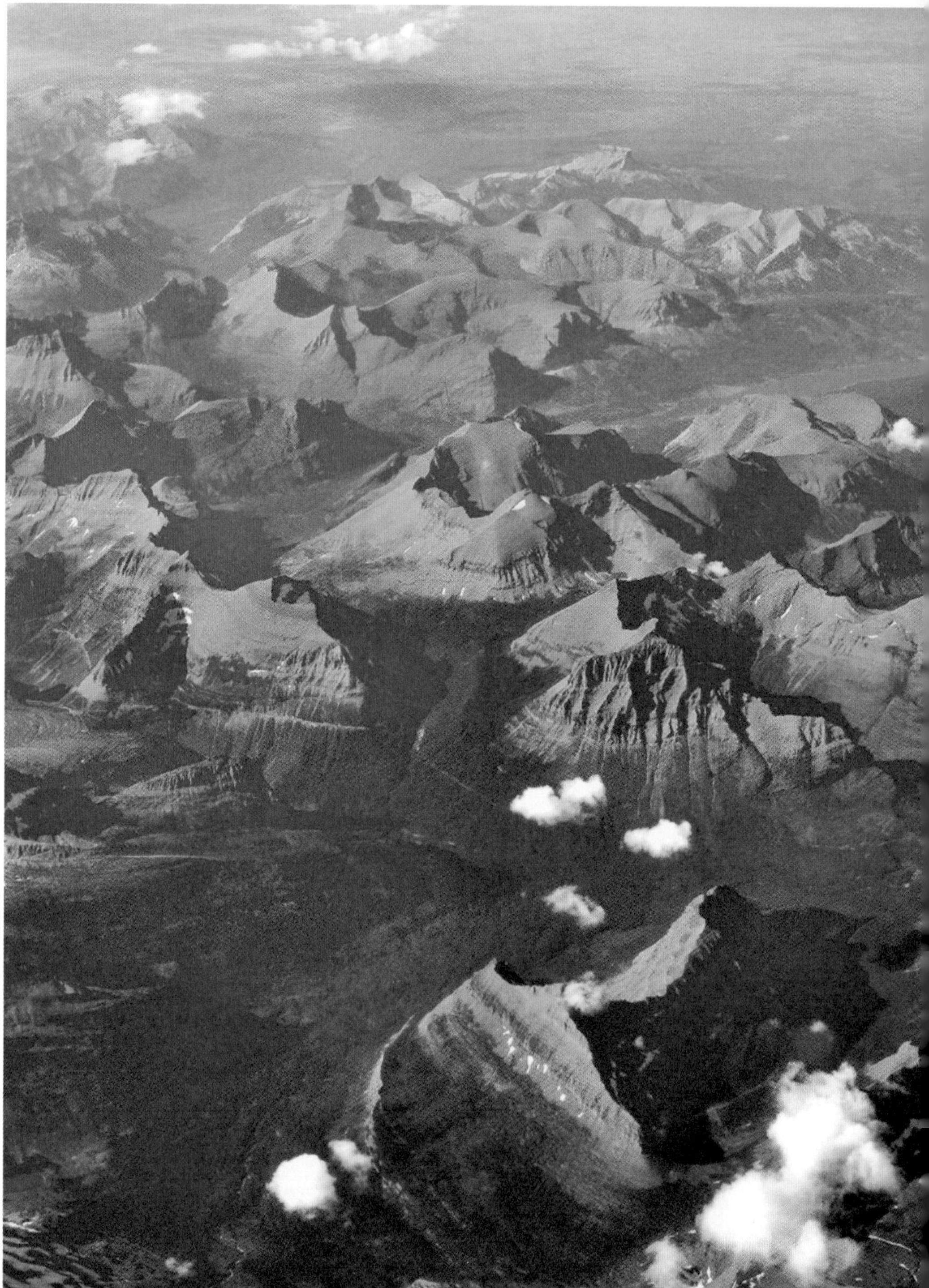

　もちろん、氷河の大きさはある程度変動するのが普通だ。しかし1980年代に米国地質調査所は、グレイシャー国立公園の氷河が「定期的に後退を続けている」との声明を発表した。近年の研究によると、園内にあるハリソン氷河、ゲム氷河、スペリー氷河の縮小率は、1966年から2005年までの間で大幅に増加したという。その期間中、スペリー氷河は質量の35％を失ったため、かつて氷が張っていた場所には、湖と氷堆石が出現した。氷河が縮小する原因を突き止めるのは容易だとしても、縮小の進行を止めるのはほぼ不可能だろう。

　現在モンタナ州の気温は、世界平均の約2倍の速さで上昇を続けている。暖冬化のせいで、雪よりも雨が降りやすくなったため、ロッキー山脈には氷河が形成されづらくなった。春のような暖かさがやってくる時期も年々早まっていることから、たまに降った雪もすぐ溶けてしまい、蓄積されることはほとんどない。こうした気象条件が変化しない限り、グレイシャー国立公園の氷河は、2030年までに溶けきってしまうと予想されている。そうなれば当然、「北米大陸で最も荒々しく美しい」と称えられたその景色も、一緒に消えてしまうだろう。

左：暖冬の影響で存続の危機に立たされているグレイシャー国立公園。

グレイシャー国立公園

チワワ砂漠

CHIHUAHUAN DESERT

メキシコ／アメリカ
MEXICO/USA

北米最大規模となるチワワ砂漠には、
意外にも世界第 3 位の豊かな生物多様性がある。
しかし、生き物たちを支えるグランデ川の水を
人々が利用するようになると、乾燥が進み、
今、荒れ果てた場所になろうとしている。

チワワ砂漠と聞いて、荒涼とした場所を連想する人は少なくないはずだ。なぜならこの名前は、「乾燥した砂の場所」を意味するナワトル語に由来するとされているからである（同じ名前がつけられた、現地に生息する毛の短い小型犬は、愛玩犬として人気がある）。実際にチワワ砂漠は北米最大の規模を誇り、その大部分は不毛の地だ。見渡す限り、水も、木も、人もほとんど存在しない。しかし、動植物の生育に不向きなこの激しい乾燥地帯にも、生物がまったくいないわけではない。有名なジョン・ケージの「4分33秒」* の演奏会場のように、これらの生物が暮らす場所は（真空のごとく）静かなようでいて、実のところかなりにぎやかだ。

　チワワ砂漠は、アメリカとメキシコの国境をまたぎ、36万2600km²の範囲に広がっている。北はアリゾナから始まって、テキサス南西部を通り、メキシコの奥地まで伸びている。ここには、世界第3位と認められる豊かな生物の多様性がある。あらゆる生物を危険にさらす乾いた土地を含む一方で、チワワ砂漠には、見事な草原が広がる場所もある。この場所に生息するのは、ワシやタカ、アカエリツメナガホオジロなどの鳥類、そしてプロングホーンなどの動物だ。断続的に流れる大小の河川もあり、これらの河川は砂漠全体を潤したり、パプフィッシュの住む温泉地帯に水を供給したりしている。独立峰の頂上付近の至る所には、堂々とした高さのポンデローサマツやカエデの木まで生えている。そして盆地にも、クレオソートブッシュ、ユッカ、サボテンや多肉植物など、300種以上の土着の植物が生育する。

　こうした生態系を維持しているのは、グランデ（ブラーボ）川である。2つの国にまたがり、コロラド州からメキシコ湾へ流れる大河だ。地下の湧き水や、夏に降る恵の雨と並んで、この川は砂漠の主要な水源となっている。

　しかし、この貴重な水源は、ある時点から別の目的に振り向けられるようになった。大量の水を必要とする換金作物、例えばアルファルファやピーカン、綿などを栽培する農場の灌漑用水として、また増え続ける人口を

---

* 「4分33秒」はアメリカの音楽家ジョン・ケージの作品の通称。舞台に登場した演奏者は、一定の時間を楽器とともに、何もせず（楽器で音を出さず）過ごす。

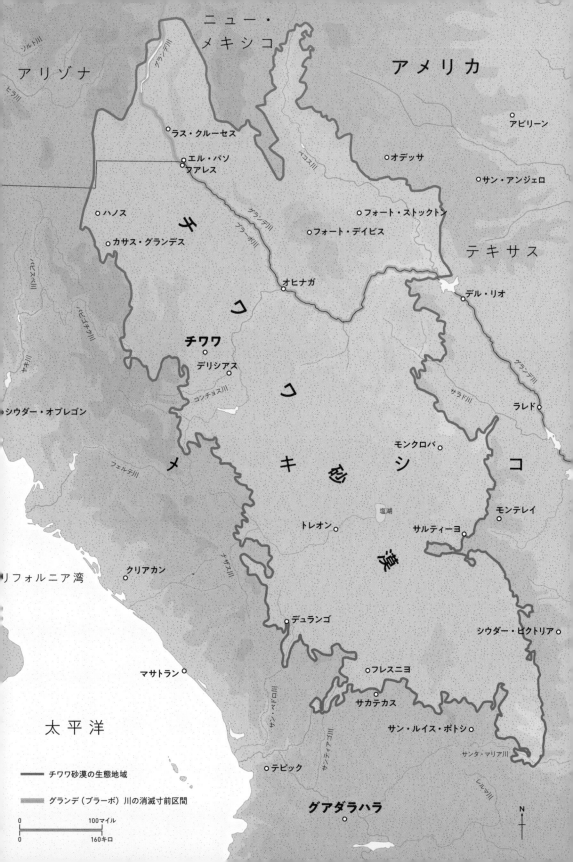

アリゾナ

ニュー・メキシコ

アメリカ

ソルト川

ヒラ川

○ ラス・クルーセス

○ エル・パソ
ファレス

チ

○ ハノス

○ カサス・グランデス

ク

ワ

○ チワワ

○ デリシアス

シウダー・オブレゴン ○

メ

クリアカン ○

フェルテ川

ナサス川

川川マ・ハ・

川川マ・ハ・

太平洋

リフォルニア湾

バビスベ川

バピエチク川

ヤキ川

グランデ川

ブラーボ川

コンチョス川

○ オヒナガ

キ

砂

デュランゴ ○

マサトラン ○

テピック ○

○ フレスニヨ

サカテカス ○

ペコス川

シ

塩湖

トレオン ○

モンクロバ ○

漠

サルティーヨ ○

コ

○ モンテレイ

サラド川

グランデ川

ラレド ○

○ デル・リオ

テキサス

○ オデッサ

○ サン・アンジェロ

○ フォート・ストックトン

○ フォート・デイビス

アビリーン ○

サン・ルイス・ポトシ ○

シウダー・ビクトリア ○

サンタ・マリア川

レルマ川

グアダラハラ

—— チワワ砂漠の生態地域

グランデ（ブラーボ）川の消滅寸前区間

0   100マイル

0   160キロ

N

抱えた地域の飲料水として利用されるようになったのだ。これにより、砂漠には以前のように水が行き渡らなくなり、自然環境への深刻な影響が広がっている。過放牧や、草原の農地化による土壌の侵食も進み、野生生物の生息地や食べ物はますます失われていくばかりだ。かつてない気温の上昇が原因で、貴重な雨水や、貯水池に蓄えられた水が蒸発しやすくなっていることも懸念しなければならない。より強力な防止策をとらない限り、チワワ砂漠が文字通りの荒れ果てた場所になることは避けられないだろう。

右：2010年、 ニュー・メキシコ州サン・アントニオ近郊で撮影された写真。 チワワ砂漠を流れていたグランデ（ブラーボ）川が完全に干上がってしまっている。

下：グランデ（ブラーボ）川は、アメリカのテキサス州とメキシコの境界にある渓谷に沿って流れている。

トンブクトゥ

TIMBUKTU

マリ

MALI

千年近い歴史を誇るいにしえの都は、
修復を繰り返しながら命をつないできた。
だが、イスラム過激派勢力の攻撃を受け、
さらに気候の変化により木が不足するようになって、
今、消滅の危機に瀕している。

トンブクトゥは、オックスフォード英語大辞典では「マリ北部の町」と定義され、「へき地または極めて遠い場所の例として」よく使われる地名であると説明されている。つまり、「その叫び声はここからトンブクトゥまで届いた」のように使うのだ。

トンブクトゥの辺境としてのイメージは、1830年代に定着した。きっかけはその少し前、ヨーロッパの旅人が、このサハラ南端の荒廃したへき地にようやく足を踏み入れたことだった。以来、トンブクトゥは物理的に遠い場所として有名になると同時に、どこか異世界のような魅力とロマンを漂わせる場所として、ビクトリア時代の人々に知られるようになった。詩人のアルフレッド・テニスン卿は、自らの詩の中で「ティンブクトゥ（当時の呼び名）」を「神秘的」で「計り知れない」土地と称え、それを伝説のアトランティス大陸や、神話の黄金郷エルドラドになぞらえた。

遊牧民トゥアレグによって1100年頃に築かれたトンブクトゥは、かつては謎めいているどころか、交易の中心地だった。西アフリカ交易路とサハラ交易路が交わる場所に位置し、大量の塩、香辛料、金、奴隷をやり取りして富を得ると、周辺地域で最も裕福な集落に成長した。交易の上に成り立っていたトンブクトゥだったが、学問の都でもあり、いくつもの大学や図書館が設置されていた。そこでは羊皮紙、樹皮、アンテロープの皮などに文字を記した写本も多く作成されたが、その大変貴重なコレクションは、今なお現地で個人収蔵されている。シロアリの被害を受けることなく希少本を狙う悪徳業者に奪われることなく保存されていたのは、奇跡的といえるだろう。

14世紀に入ると、トンブクトゥは真に知的かつ霊的な都として君臨し、アフリカ全土へのイスラム教布教の拠点となった。この時代の建築物の中には、トンブクトゥを代表する最古のモスクであるジンガリーベルや、より小さな2つのモスク、サンコレとシディ・ヤヤが含まれる。いずれのモスクにも、「平和の使者」と呼ばれるイスラム学者たちが集った。

消滅寸前の場所

162

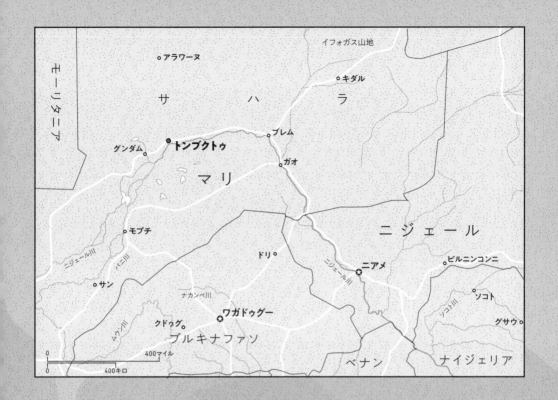

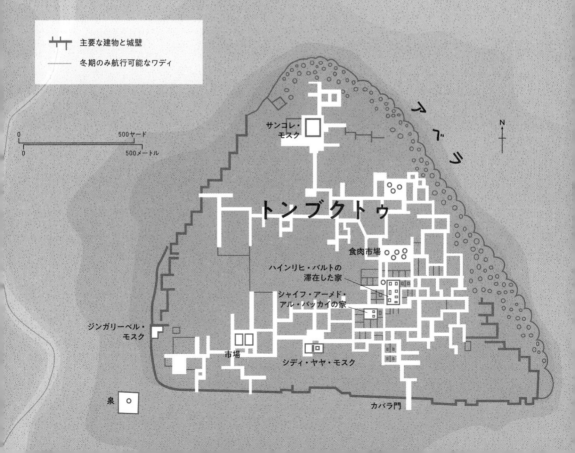

主要な建物と城壁

冬期のみ航行可能なワディ

上部地図

モーリタニア

アラワーヌ

イフォガス山地

サ　ハ　ラ

キダル

グンダム　　トンブクトゥ　　ブレム

ガオ

マ　リ

ニジェール

モプチ

ニジェール川

バニ川

ドリ

ニアメ

ビルニンコンニ

サン

ムウン川

ナカンベ川

ソコト川

ソコト

クドゥグ　　ワガドゥグー

グサウ

ブルキナファソ

ベナン

ナイジェリア

0　　　400マイル

0　　　400キロ

下部地図

0　　　500ヤード

0　　　500メートル

アベラ

N

サンコレ・
モスク

トンブクトゥ

食肉市場

ハインリヒ・バルトの
滞在した家

シャイフ・アーメド・
アル・バッカイの家

ジンガリーベル・
モスク

市場

シディ・ヤヤ・モスク

泉

カバラ門

トンブクトゥにある建築物の大半と同じく、モスクは最近になってコンクリートで補強されるまで、ほぼ現地の土だけで造られていた。この地域で使用されていた主要な建築資材はバンコというものだった。これは泥ともみ殻の混合物で、日干ししてブロックの形に固めて使うこともあれば、木造建築の仕上げとして、湿気を吸うしっくい代わりに使われることもあった。町の中心にそびえ立つジンガリーベルも、歯のように並んだ小塔を備えた、壮大で現実離れした砂の城だ。尖塔からは、ハリネズミの針のような棒が何本も突き出し、漫画に登場する原始人の巨大な棍棒を思わせる。

サハラ砂漠から吹く風や、打ちつける雨に耐えるため、土造りのモスクは建設当初から絶えず修復を必要としてきた。もちろん、外壁も定期的に塗り直さなければならない。長年の慣習として、こうした修復作業は年に1回、1週間かけて行われてきた。参加する地元の人々にとっては、大きな宗教的意味合いと社会的価値を含む儀式のようなものだ。しかし、彼らが懸命に修復を行っても、モスクの劣化はそれを上回る速さで進んでいる。ジンガリーベルの場合は、土とヤシ材で造られた屋根が崩落寸前だと指摘され、1988年にはユネスコの危機遺産リストに登録された。

それからおよそ20年後、ジンガリーベルの大規模な修復工事が行われた。これに出資したのは、イスラム教イスマーイール派のディアスポラを率いる、アガー・ハーンの慈善財団だ。地元の伝統的な建築物が「改悪」されるのではないかと反対した人もいたが、今のところ、この工事によって劣化は食い止めら

消滅寸前の場所

れている。

　しかし残念なことに、それ以来もっと深刻な問題が起きる
ようになった。2012年、アルカイダとアンサル・ディーン率
いる過激派イスラム勢力が、トンブクトゥを占拠したのだ。
彼らはマリの古いイスラム教施設を異教徒のものと見なし、
アンサル・ディーンの戦士が、8つの大霊廟とシディ・ヤヤの
入り口を破壊した。その後、国連平和維持軍とフランス軍の
介入で治安は回復したが、こうした建物は今なお、原理主義
者による攻撃の対象となっている。

　さらに気候の変化も、建物の安定性を脅かしている。かつ
てトンブクトゥにはニジェール川の支流が複数注いでいたが、
これらの川は半世紀前から、10kmほど離れた場所を流れる
ようになった。同時にパルミラヤシが生えなくなったため、
モスク入り口の梁材または全体の補強材として使われる木が
不足した。代わりにガーナから輸入した硬材を使うことで、
見事な大建造物は今のところ維持され、砂漠化する環境から
守られている。

トンブクトゥ

165

スカラ・ブレイ

SKARA BRAE

オークニー諸島

ORKNEY

スコットランド北の沖合に浮かぶオークニー諸島。
強風が吹きつけるこの地には、
石器時代に人が暮らしていた痕跡がある。
だが紀元前2000年頃に放棄された。
その理由については諸説がある。

ス コットランド北端の沖、緯度上ではグリーンランドの南からわずか80kmの地点に浮かぶオークニー諸島。この島々の気候を、スコットランドの古物研究者ヒュー・マーウィックは、「地上で最悪の部類に入る」と評した。島の観光案内サイトの1つには、「オークニーまでの往復の行程は、今なお天候に左右されます」と書かれている。人工衛星技術が発達する以前は、現地の霧によって飛行機や船が何日も足止めされることが頻繁にあった。そして現在でも、年間で特に気候が荒れる数カ月間は、大西洋から北海へ吹く強風の影響で、島への旅行がしばらく不可能になったり、フェリーでの渡航が禁止されたりしている。

1年の大半の時期は、日照時間がせいぜい数時間しかなく、太陽が沈んだ後の島はほぼ完全な暗闇に包まれる。オークニーで最も穏やかな夏の6月になると、太陽は夜中まで沈まなくなるが、この時期でもビューフォート階級でいう3から4の風が止むことはめったにない。マグナス・スペンスは自著『オークニーの気候』(1908年)の中で、「イギリスにおい

て、これほど風が激しく、頻繁に吹きつける場所は他にない」と述べている。スコットランドのスクラブスターからフェリーで2時間かけて島を訪れる人々も、大半はスペンスに同意するだろう。またオークニー諸島の大部分には木が生えていないため、風除けとなる天然の隠れ家がほとんど存在しない。最大限に前向きないい方をすれば、ここは「自然の爽快さを味わえる」場所ということになろう。

一説によれば、オークニー諸島最大の島メインランドで先史時代の集落跡を最初に暴いたのも、激しい風だったという。この集落はかつて、スカイル湾岸に立つスカラ・ブレイ(現地民にとっては「スケラブラ」)という砂塚の下に、完全に埋まったままになっていた。その長い眠りが終わりを告げたのは、1850年2月の、ある嵐の夜のことだ。その夜、強風と大西洋の荒波が島西部の海岸線をさらったため、砂塚は崩れ、表面の芝土もはぎ取られた。すると、固い地面が広がっていた場所にぽっかりと大きな穴が開き、新石器時代の住居が地上に露出した。蒸気機関が発達していたビクトリア朝時代に、島の石器時代

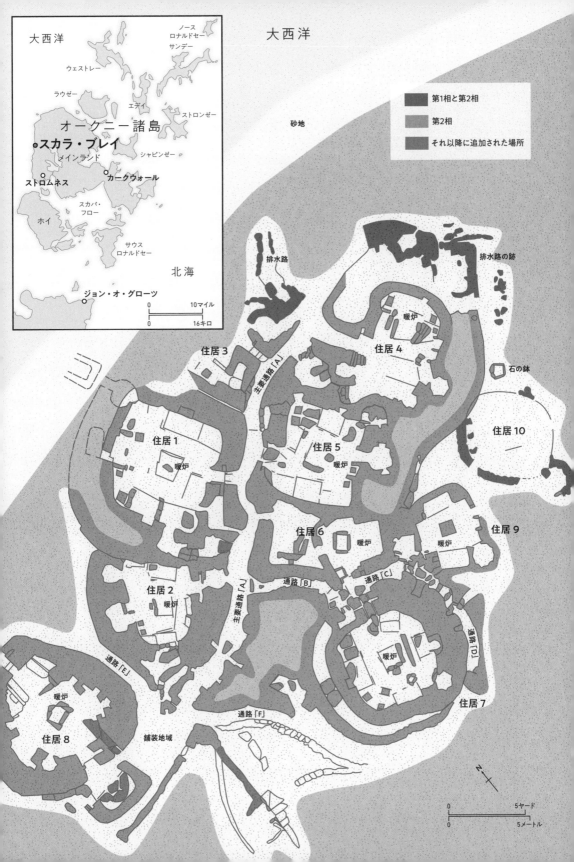

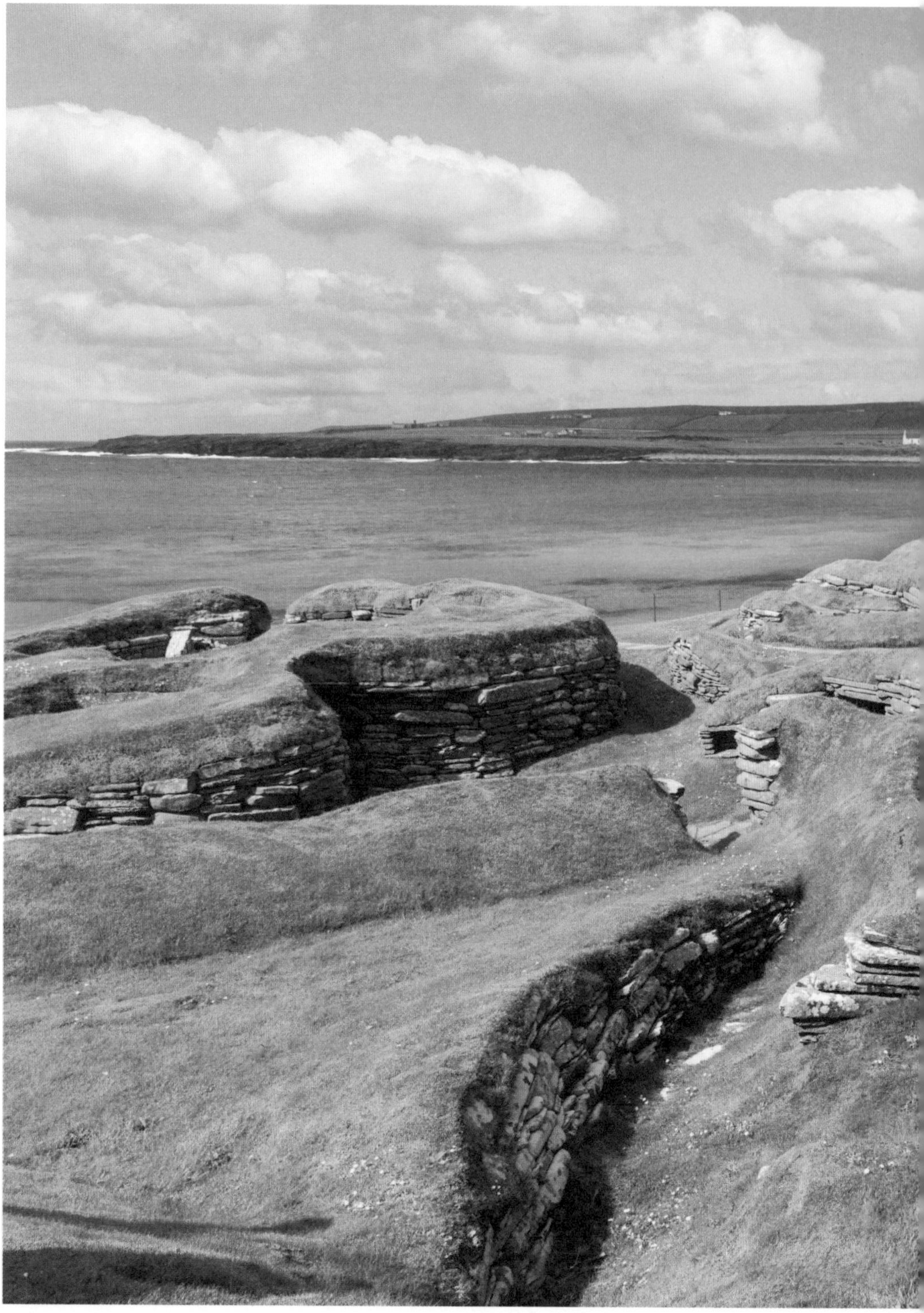

スカラ・ブレイ

の過去が部分的に蘇ったというわけだ。

　以上はあくまでも通説だが、現代気象学の報告によると、問題の1850年2月にそのような気候条件が重なったとしても、特に不自然ではないという。しかし、気まぐれな強風も激しい波も日常茶飯事のオークニーで、なぜその日だったのか、という疑問は残る。別の説を唱える人々は、遅くとも1769年から、島では先史時代の発見が行われていたはずだと指摘する。したがってスカラ・ブレイの古代遺跡も、1850年以前に知られていたのではないか、というのが彼らの主張だ。

　嵐の夜の物語が真実かどうかはさておき、地元の地主であり、スカイル・ハウスの第7代当主であるウィリアム・グラハム・ワットは、1860年代に遺跡の発掘作業を開始した。作業を率いた1人、ジェームズ・ファラーは、ある歴史書において「悪名は高いが、古物研究者としては悲しいほどに粗雑」と評された人物だ。

　もう1人のジョージ・ピートリーもオークニー人の古物研究者だったが、彼の性格はファラーよりはるかに几帳面だった。ピートリーはのちの1867年、自身の発見に関する詳細な論文をスコットランド考古協会に提出している。いずれにせよ、彼らは遺跡で数多くのものを掘り出した。紀元前3200〜同2000年頃の、石垣に囲まれた4つの円形住居は、その内部に家具まで備え、ベッド、いす、棚、暖炉が、驚くほど良好な状態で保存されていた。住居と同様に石造りの器やビーズ、ペンダントなどの、さまざまな道具も見つかった。

　これによりスカラ・ブレイは一躍注目を集め、「時代を超えた秘密」が明らかになったと祝福の詩を詠む者まで現れた。しかし当初の熱気が落ち着くと、ピートリーの時代以降、遺跡に対する大衆の関心は薄れていったらしい。正式発掘は、1920年代になってようやく再開された。その際にはスカラ・ブレイの激しい天候にも注目が集まり、あらためて人々の考古学的関心をあおる結果となったようだ。風や波によって遺跡が失われる不安から、1925年には、この場所を守るための防波堤が新設された。また、新たに調査を命じられた考古学者のビア・ゴードン・チャイルドは、これまでに見つかっていた4つの住居に加え、さらに4つの別の住居を発見した。

　チャイルドが夢中になって考えたのは、スカラ・ブレイがなぜ、紀元前2000年頃のある時点で放棄されたのかということだった。遺跡を見る限り、住民はその見事な石造りの家を

消滅寸前の場所

打ち捨てただけでなく、極めて価値の高い所有品を大量に残したまま集落を去っている。そうした所有品の存在は、住民たちが「慌てて退避した証拠」だとチャイルドは述べた。急な退避が起こりうる理由としては、やはりこの時も気象災害が原因だったのではないかと、一部の人々は示唆した。集落の存在を暴いた嵐と同じくらい強力な嵐が古代のスカラ・ブレイを襲い、島ごと荒廃させてしまったというのだ。ある面から見ればバランスの良い仮説だが、現代の考古学者たちはこの説を一蹴する。というのも、現在主流となっている説では、住民の移動は急に始まったもの

ではなく、何年もかけて少しずつ進められたと考えられているからだ。こうした移動が計画されたのは、おそらく部族社会が発展し、海岸の浸食によって周囲の景観にも変化が生じたためだろう。今でこそスカラ・ブレイは沿岸にあるが、潮の流れで陸地が削られる以前は、内陸に位置していた。

　もちろん気候の問題も、いまだにスカラ・ブレイを脅かし続けている。その昔、遺跡は強風に吹かれてあっさりと出現したが、今度は海面の上昇や気候変動による激しい嵐のせいで、やはりあっさりと消えてしまうことが心配されている。

スカラ・ブレイ

171

ヤムナー川

YAMUNA RIVER

インド

INDIA

この聖なる川ガンジス最大の支流は
何千年もの間、人々に崇められてきた。
その川が今、汚染と干ばつに見舞われ、
かつての美しい姿は見る影もない。
政府も復活に取り組んできたが、効果は薄い。

ヤムナー川は、ガンジス川最大の支流である。名前は「双子」を意味するサンスクリット語のヤマに由来するが、有名な本流と平行に流れ、やがて合流するというこの川の特徴を考えれば、ヤマ（ヤムナー）と名づけられたのも納得がいく。ヤムナー川は、ウッタル・プラデューシュ州ウッタルカーシー県のヤムノトリ氷河を水源とし、そこからアラハバードまでを流れる全長1370km の川だ。

16世紀の初代ムガル皇帝バーブルから「蜜より甘い」と評されたその水は、何千年もの間、地域の人々に崇められてきた。また、王室が庇護する大切な象の体を清め、冷やすための特別な水として使われていた時期もあった。この川で沐浴をしたり、川の水を飲んだりすることは、宗教的献身を表すための今なお残る風習だ。世俗的な面に注目すれば、現在のヤムナー川は6000万人以上のインド人の生活を支える主要な飲用水源の1つとなっている。

ヤムナー川は、その沿岸に築かれたデリー、マトゥラー、アグナーなどの都市を古くから潤してきた。アーグラで川が大きく蛇行する場所には、バーブルの子孫に当たるムガル皇帝シャー・ジャハーンによって、インドの代表的建築物の1つであるタージ・マハルが建てられた。川は1978年にはんらんして大洪水を起こし、アーグラを町ごと水没させかけたこともあった。そのため今なお特定の地域では洪水の不安が続いているが（タージ・マハルは2003年と2008年にも深刻な危機に見舞われた）、ヤムナー川に関しては、ずいぶん前から別の問題が持ち上がっている。現在最も懸念されているのは、ひどい汚染と、ほぼ毎年起きる干ばつだ。川の流れの大部分を人為的に変え、水を工業用水や生活用水として利用し始めたことが原因とされている。

1991年以来、人口が倍に増えたデリーでは、ヤムナー川流域にある20以上の排水路に有害物質や生下水が直接放流されていた。これでは「世界で最も汚い川の1つ」と呼ばれるのも無理はない。デリーの境界線のすぐ内側にあるワジーラバードでは、1つの大きな排水路を通じて、毎日20億リットルもの下水

消滅寸前の場所

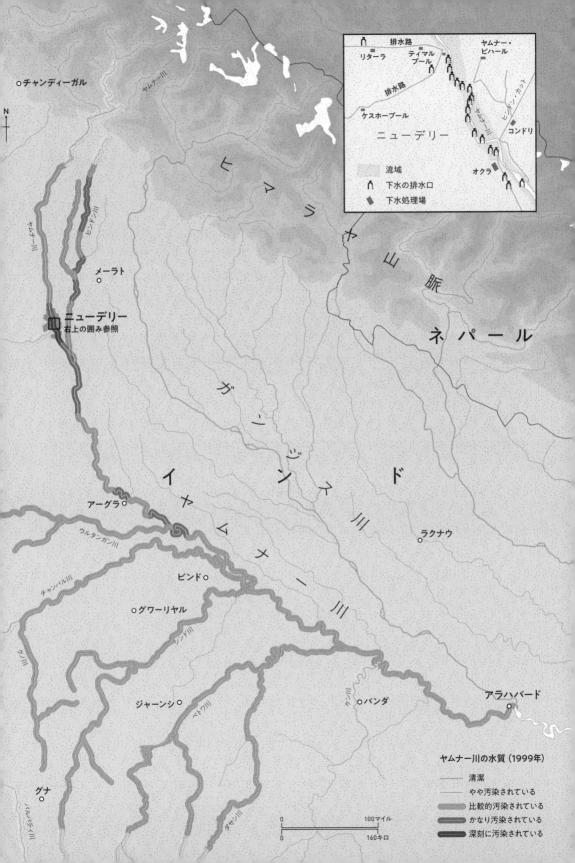

チャンディーガル

ヒマラヤ山脈

ネパール

メーラト

ニューデリー
右上の囲み参照

ガンジス川

イ
ン
ド

アーグラ

ラクナウ

ウルタンガン川

チャンバル川

ビンド

ヤ
ム
ナ
ー
川

グワーリヤル

シンド川

カノ川

ベトワ川

ジャーンシ

バンダ

ケン川

アラハバード

グナ

ダサン川

囲み地図:

排水路

リターラ   ティマルプール   ヤムナー・ビハール

排水路

ケスホープール

ニューデリー

コンドリ

ヒンドン・カット

ヤムナー川

オクラ

流域

下水の排水口

下水処理場

ヤムナー川の水質 (1999年)

―― 清潔

―― やや汚染されている

━━ 比較的汚染されている

━━ かなり汚染されている

━━ 深刻に汚染されている

0   100マイル
0   160キロ

が川に流れ込んでいるという。そこから遠くない場所でも、プラスチック、ポリエチレン、地元の靴工場から出たくず革などのごみが堆積し、川をたびたびせき止めている。アーグラでは、タージ・マハルが黄色に変色する現象も起きている。ヤムナー川が新鮮できれいな水を失ったことで、周囲の大気中に広がる汚染物質などを吸収できなくなったためだ。川の広い流域では、酸素濃度が0%まで下がり、致命的な状況が続いている。

インドの首相ナレンドラ・モディは、ヤムナー川の復活を公約に掲げ、2014年に権力の座に就いた。だが現時点で川の再生にはるかに役立ったのは、モディの政府の取り組みではなく、2018年に偶然もたらされたモンスーンの雨だ。この豪雨によって汚染物質が洗い流され、水中に再び酸素が供給されたため、川は短期間ながら「何年かぶりに最盛期の状態」を取り戻した。とはいえ、それから時間が経つうちに、汚染が再び問題視されるようになった。結局、現在も以前とまったく同様に、ヤムナー川は周囲の環境を危険にさらし続けている。

上：ごみが溜まったヤムナー川の岸辺。ニューデリーで撮影。

右：ヤムナー川の水質低下に伴い、黄色に変色しつつあるタージ・マハル。

消滅寸前の場所

ヤムナー川

ベネチア

VENICE

イタリア

ITALY

かつて地中海に君臨した水の都の歴史は、
絶えざる洪水との戦いの歴史でもある。
繰り返す洪水に伴い、島の地盤が沈下し、
今後 30 年以内にほとんど居住できない
場所になるとの見方もある。

べネチアが創設されたのは、紀元421年3月25日正午のことだったという伝説がある（事実、この大都市が立つ島は、世界でもとりわけ伝説が多い）。ベネチアをテーマにした年代記作家として定評の高いジャン・モリスは、当時使われていた暦を調べ、該当の日付が金曜日であったことを特定している。

　ベネチアは、訪れる人が創作意欲をかき立てられる場所だ。普段はかなり冷静な人でも、この地ではどういうわけか、話を大げさに伝えたくなってしまうらしい。ベネチアで最も有名な建物、ビザンチン様式のバシリカであるサン・マルコ寺院を見れば、そのことがよく分かる。このバシリカは、神への謙虚な奉仕が救済につながるというモザイク画を掲げながら、そのモザイクに金ぱくを貼って豪華に飾り立てているのだ。

　旧約聖書の創世記によれば、神があらゆる地上の生き物を創造したのは、週の6日目だったとされている。だが現代人にとっての金曜日は、これから何か大それたことに取り組む日というより、リラックスに充てる日と

イメージされることが多い。特に都市で生活する人々の間では、その傾向が強いのではないだろうか。実際、欧米のほとんどの会社では、金曜日の昼食時間が近づくにつれ、生産性が著しく低下していく。金曜午後の会議はまとまらない前提で企画されるか、あるいは自身の地位と権威を見せつけたい上司によって、嫌がらせ同然に企画されるかのどちらかである。

　しかし、そんな現代人の姿とは対照的に、古代には強い意欲をもって金曜日に集結した人々がいた。それがベネチアを創設したといわれる貧しい漁師ヨハネと、彼の仲間たちだ。イタリア北東部沿岸のアドリア海にできた蚊の多い潟の中に、都市を築くこと決意したヨハネ一行。その決意は、彼らが新たな自治都市のために選んだ島の地面より、はるかに強固だったに違いない。

　以上の創造神話はさておき、現在のベネチアは、117（118との説もあり）の島々の上に広がっている。この群島は6000年以上前、アルプス山脈からアドリア海の隅に注ぐ6つの小川の河口に、砂、頁岩、泥が運ばれたこと

消滅寸前の場所

上：19世紀に描かれた絵画。
水に囲まれたベネチアは、古く
から洪水の被害を受けてきた。

で形成が始まった。そこに川の淡水と海の塩分とが混じり
合って潟ができ、山から運ばれた土砂が堆積（たいせき）して島々ができ
た。そしてこの島々の上に、やがてユニークな水陸両生の都
市が建てられる。島民は砂州の峰によって波から守られ、何
世紀もの間、漁業と塩の生産だけで生計を立てていた。島そ
のものと同様に、彼らの交易のあり方も、海と陸の間を不安
定にさまよっているかのようだった。すぐ近くにあるイタリ
ア本土でローマ帝国が台頭しても、島民はほとんど関心を示
さなかった。

　当時の帝国の繁栄ぶりはさまざまな記録に残されている。
それによるとローマ人たちは、避暑のために別荘を建て、た
まに海へ出て鴨狩りを楽しんでは獲物を囲んで宴会を開いて
いたという。しかし4世紀に入り、西ゴート族やフン族がヨー
ロッパに到来したことでローマ帝国の命運は尽きる。両民族
は帝国全土へ押し寄せると、各地で都市の略奪を繰り返した。
そしてこの動きが、ベネチアという街の誕生へとつながって
いく。つまり、侵入者によって本土を追われた住民たちが、
避難場所として潟に街を築いたのが、ベネチア本当の始まり
だったのだ。697年に共和国として成立し、18世紀に滅亡した

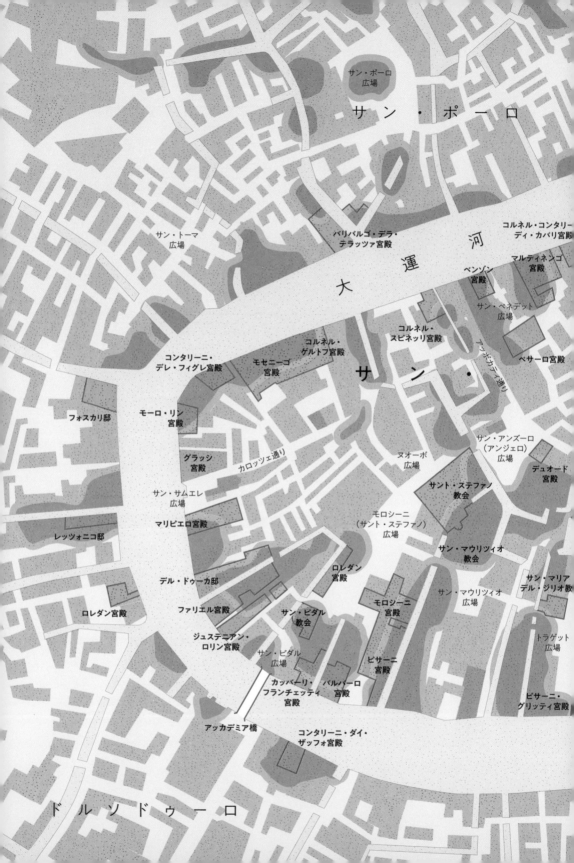

サン・ポーロ
広場

サン・ポーロ

サン・トーマ
広場

バリバルゴ・デラ・
テラッツァ宮殿

大　運　河

コルネル・コンタリー
ディ・カバリ宮殿

ベンゾン
宮殿

マルティネンゴ
宮殿

サン・ベネデット
広場

コルネル・
スピネッリ宮殿

コルネル・
ゲルトフ宮殿

コンタリーニ・
デレ・フィグレ宮殿

モセニーゴ
宮殿

サ　ン　・

ベサーロ宮殿

アッボカライ通り

フォスカリ邸

モーロ・リン
宮殿

サン・アンズーロ
（アンジェロ）
広場

グラッシ
宮殿

カロッツェ通り

ヌオーボ
広場

デュオード
宮殿

サン・サムエレ
広場

サント・ステファノ
教会

レッツォニコ邸

マリピエロ宮殿

モロシーニ
（サント・ステファノ）
広場

サン・マウリツィオ
教会

デル・ドゥーカ邸

ロレダン
宮殿

サン・マウリツィオ
広場

サン・マリア
デル・ジリオ教

ロレダン宮殿

ファリエル宮殿

サン・ビダル
教会

モロシーニ
宮殿

ジュステニアン・
ロリン宮殿

サン・ビダル
広場

ピサーニ
宮殿

トラゲット
広場

カッバーリ・
フランチェッティ
宮殿

バルバーロ
宮殿

ピサーニ・
グリッティ宮殿

アッカデミア橋

コンタリーニ・ダイ・
ザッフォ宮殿

ドルソドゥーロ

リアルト橋

ドイツ人商館

サリッザーダ・サン・リオ通り

カステッロ

ドルフィン・
マニン宮殿

マルザリーア・デュエ・アプリーレ通り

ベンボ宮殿

ジュスティニアン・
ファッカノン宮殿

サン・サルバドール
教会

コルテ・
デル・テアトロ

マーニ

カルボン通り

マルザリーア（メルセリア）・サン・ズリアン通り

サン・ルーカ
広場

シーニ
館

マニン
広場

フレッツェリーア通り

フレッツェリーア通り

マ　ル　コ

ボーボロ
階段

サン・ガッロ教会

時計塔

総督の宮殿

サン・マルコ寺院

アンティーニ
広場

ニーチェ劇場

旧行政館

コッレール
博物館

サン・マルコ
広場

鐘楼

ドゥカーレ
宮殿

レアーレ
宮殿

サン・マルコ
小広場

新行政館

ラルガ・XXII・マルゾ通り

バッフレッツ通り

国立マルチャーナ
図書館

聖マルコと
聖トダロの柱

ジュスティニアン
宮殿

港湾監督
事務所

ベ　ネ　チ　ア　の　潟

トレベス・
バロッズィ宮殿

フランギーニ・
フィーニ宮殿

	ベネチアの主要な建物と、運河の堤防が激しく損傷した場所
	洪水が10～15年に1度起きる場所

サンタ・マリア・デラ・サルーテ聖堂

0		100ヤード
0		100メートル

N

ベネチアは、その歴史を通して、次々と押し寄せる移住者の安らぎの場所であり続けた。ある旅行者の言葉を借りれば、ここは「逃げてくるすべての人々を」受け入れ、「別の地で迫害された人々を」も歓迎する都市であったという。

ベネチアは大量の塩田と、いくらかの砂地や森林に恵まれていた。一方で耕地や天然石材は不足しており、繁栄と発展のためには、まず輸入を積極的に受け入れなければならなかった。地理や地形などの条件、住民の気質、財政面から考えても、国際海運貿易に注力するのはベネチアにとって必要なことだった。

東西ヨーロッパの境界上に位置するこの街は、東ローマ（ビザンチン）帝国の首都コンスタンチノープルやイスラム地区カイロと貿易し、13世紀に入ると、アジア以東からヨーロッパに輸入される香辛料の70％を独占した。現地の商人たちは、多くの銀行や金貸しから融資を受けることもできた。ヨーロッパの別の地域で金融業が大きく制限されたときも、都市共和国のベネチアの中でだけは、金貸しが自由に商売することを許されていた。

広い通りより小道が多く、道路よりも運河が多いベネチアは、その至る所に、かつての栄光の痕跡を残す。古い時代の過剰なほどの豊かさは、今でこそ影を潜めてきたものの、それでもこの街の美しさの大部分と密接に結びついている。しかし、そうした美しい景観は目下、私たちの時代の過剰な豊かさによって危機に瀕している。近年、観光事業が盛んになるにつれ、企業にはベネチアを守ることが義務づけられているにもかかわらず、街の状態が悪化しつつあるのだ。休暇シーズンに訪れる観光客があまりにも増加したため、市当局は2018年、サン・マルコ広場とリアルト橋への入場を制限するゲートを導入した。本書の執筆時点でも、日帰り旅行者の受け入れ

消滅寸前の場所

上：季節性の高潮による洪水で
水に浸かったサン・マルコ広場。

左：ベネチアには、このような
大型客船に乗った観光客が大量
に押し寄せる。

をさらに制限することが検討されている。潟内に停泊する大
型船も、やはり同じように締め出された。こうした船の中に
は巨大な船もあり、ベネチアの歴史的な街並みがその陰に隠
れてしまうというのが理由だった。

　2018年の秋、季節性のアクア・アルタ（高潮）が異常なレ
ベルで発生した。ベネチアの4分の3が水没し、残りの地域で
も、ひざの高さまで水が押し寄せてきた。ベネチアにとって
の洪水は、ロンドンにとっての雨や鳩、ロサンゼルスにとっ
てのスモッグのようなもので、不快ながら、現地ではおなじ
みの厄介事なのである。

　サン・マルコ寺院の西側の玄関には、聖書の時代の洪水を
描いたモザイク画が飾られている。この寺院が起工された11
世紀当時から、市民は長年にわたって水害を気にかけてきた
ということなのだろう。海水面が上昇し、季節の風物詩となっ
た高潮が以前にも増して洪水を起こすようになった結果、島
の地盤は20世紀の間に10cmほど沈下した。ベネチアが今後
30年以内にほとんど居住できない場所になるという予測は、
現実味を増している。

コンゴ盆地の熱帯雨林
THE CONGO BASIN RAINFOREST

コンゴ民主共和国　DEMOCRATIC REPUBLIC OF THE CONGO

フランス国土の 2 倍以上の面積をもつこの地には、
1 万種以上の植物と 400 種以上の哺乳類が生息する。
だが違法な乱伐により、わずか 15 年でバングラデシュよりも
広い面積の森が失われた。このままだと 2100 年を待たず、
豊かな森林が消失する恐れがある。

コンゴ盆地の熱帯雨林は、悪臭を放つ沼、泥で濁った川、うっそうとしたジャングル、開けた森林地帯、草深いサバンナが織り出す巨大なタペストリーだ。総面積はフランスの国土の2倍あり、規模ではアマゾンをも上回る。6つの国（そのうち3カ国以上が貧困地域を抱えている）にまたがるその範囲のうち、熱帯雨林の大部分、数字でいえば約60％は、コンゴ民主共和国の領土内にある。この広大な国家は、貴重な天然鉱物資源を豊富に蓄えながら、植民地時代の悲惨な過去と、それが引き金となった現在の痛ましい状況に苦しめられている。

1997年から2003年の間、コンゴ民主共和国では内戦が続き、600万人以上が犠牲になった。戦闘そのものから生き延びた人々も、病気や栄養失調に倒れた。対立が激化すると、森の視界を良くするための作戦として、違法な伐採者たちが木を切り倒していった。たいていの場合、彼らは各政治派閥の軍と陰に陽に結託していたため、処罰を受けることはなかった。本書の執筆時点で、この内戦はほぼ終結している。しかし、国内外の法律で禁止

されているはずの、熱帯雨林に育つアフリカン・マホガニーなどの乱伐は、今なお止む兆しを見せない。それどころか、不安をあおるほどの急速さで、森林の破壊は進んでいる。

2018年11月、メリーランド大学地理科学科の調査結果が公表され、コンゴ盆地は2000年から2014年までの間に16万5000km^{2}もの森林を失ったことが明らかになった。つまりたった15年のうちに、バングラデシュより広い面積に匹敵する森林を失ったということだ。このペースで伐採が続くと、2100年までに盆地からすべての木が消えると研究者たちは予測している。しかし、もっと深刻な予測もある。調査対象の期間にコンゴ盆地の人口が5倍に膨れ上がったことを考えると、2100年を待たずして、森林は消失する恐れもあるというのだ。

世界自然保護基金によると、現在コンゴ盆地の森には、1万種以上の植物と、400種以上の哺乳類（ボノボ、チンパンジー、マウンテンゴリラ、マルミミゾウ、オカピ、バッファローなど）が暮らしている。オグロシギにチュウシャクシギ、コシギをはじめとする鳥

消滅寸前の場所

上：6000万〜7500万人の人口を抱えるコンゴ盆地。コンゴ民主共和国のキブでは、住民が写真のような小屋を建てて暮らしている。

類も3000種以上が生息する。そのうち類人猿の群れは、過去10年でのエボラウイルスの流行によって壊滅的な打撃を受けた。だが長期間続いた伐採の影響は、間違いなく、この森にすむすべての野生生物に及ぶことだろう。他の地域では見ることのできない多くの貴重な動物たちが、窮地に立たされている。

　コンゴ盆地の人口は推定6000万〜7500万人で、その数は年間に約170万人ずつ増えているとされる。そして住民の大半は、食料や家、生活の手段などを、多かれ少なかれ森林に依存している。意外に思われるかもしれないが、この熱帯雨林の生態系を害する1つの大きな原因は、小規模な自給農家の増加だ。彼らは森林のささやかな範囲を開拓して畑に変え、そこでトウモロコシやキャッサバなどを栽培して、最終的には土壌の栄養を絞り尽くしてしまう。悪気なくそうしているの

コンゴ盆地の熱帯雨林

ナイジェリア

中央

カメルーン

バンギ ⭐

サナガ川 ヤウンデ ⭐

ピオコ島

赤道ギニア

ウバンギ川

リーブルビル ⭐

コ ン ゴ

ガ ボ ン 共 和 国

オカノ川

カサイ川

大 西 洋

ブラザビル ⭐
キンシャサ ⭐

コンゴ川

クワンゴ川

伐採許可地域

保護地域

森林地帯

0   100マイル

0   160キロ

N

アンゴラ

か、多少は罪の意識を感じているのかは分からない。いずれにせよ、そこへ別の農家がやって来て自分の畑を作れば、同じプロセスが繰り返される。そうして少しずつ、しかし容赦なく木は減っていき、破壊という結末が不気味に近づいてくるというわけだ。

　しかし、こうした小規模農家以上に森林の将来的な存続を脅かしているのは、国を挙げての伐採活動である。コンゴ民主共和国では、戦後経済の駆動力として林業に注力しており、またパーム油などを工業規模で生産するため、広大な森をヤシ農園に変えるといった動きも高まっている。コンゴ盆地の森林は、世界で4番目に大きい炭素貯留地であり、地球の気候を制御する上で重要な役割を担う。したがって私たちはその行く末を、今こそ真剣に案じなければならない。

右：コンゴ盆地で切り倒された木の幹。

下：コンゴ盆地に生息する野生生物の中でも、マルミミゾウは森林伐採によって絶滅の危機に瀕している。

グレート・バリア・リーフ

THE GREAT BARRIER REEF

オーストラリア　　　　　　　　　　AUSTRALIA

ここは宇宙から目視できる唯一の「生きた構造物」。
2000km にわたって延び、面積は日本列島に匹敵する。
2016 年と 2017 年に発生した海の熱波の影響で、
サンゴ群体の半数近くが白化し、餓死した。
かつての姿に再生できるかどうか、まだ分からない。

帆船エンデバー号に乗り込んだジェームズ・クック船長は、ヨーロッパ人として初めて「未知の南方大陸」ことテラ・アウストラリス・インコグニタの東岸にたどり着いた。そしてこの地で、思いがけず発見したのがグレート・バリア・リーフだ。

1770年6月10日の深夜、クックがすでに眠っているとき、エンデバー号はクイーンズランド北部の沿岸を航行していた。海は穏やかで、航路の行く手は満月の光に照らされていた。水平線上にも、危険が迫っている兆しは何も見当たらない——。と、そのとき、突然、何かにぶつかったような大きな音がした。水中から露出していたサンゴ礁に船が衝突したのだ。木造の船体はたちまち裂け、まもなく底板にも大きな穴が開いた。そしてその穴から、太平洋の水が大量に流れ込んできた。

船員たちはすぐに集まって水をかい出し、破損した船をやっとの思いで陸へ上げた。そして7週間かけて修繕し、再び海へこぎ出していった。だが船員たちはその後もたびた

び、多くの場合は偶然に、このサンゴ礁群と再会することになる。クックも次のように記している。「底知れぬ海の中から、（切り立った）岩壁のようなサンゴが、ほぼ垂直に立ち上がっている」。そこは美しく見事だが、恐ろしい場所だった。木造船にとっては、サンゴ礁の間を縫うように進むことほど危険で難しいことはなかった。したがってクックが自身の海図の中で、このサンゴ礁群を「迷路」と名づけ、監獄のような場所、まったく出口のない場所という不穏な意味を込めたのも不思議ではない。

クックは、グレート・バリア・リーフを西洋に紹介した最初の人物でもある。彼は現地を旅した印象を、1773年の著書『今上陸下の命による南半球での発見を求めた航海の記録』の中で発表した。すると、自然が作り出した、この手つかずの特異な地形に、人々の大きな関心が集まった。なんといっても、この場所には尽きることのない魅力がある。グレート・バリア・リーフの総面積は、私たちの予想を超える35万 km² という大きさで、これは日本列島の面積に匹敵し、グレート・ブ

消滅寸前の場所

ポート・モレスビー☆

パプア
ニューギニア

トレス海峡諸島

グレート・デタッチド・リーフ

珊瑚海

スーデスト島

グ
レ
ー
ト
・

フィランダーズ
諸島

リザード島

クックタウン○

ロー諸島

ケアンズ○

ヒンチンブルック島

バーム諸島

マグネティック島

タウンズビル○

バ
リ
ア
・

ホルムズ礁

フィランダー礁

ウィリス諸島

コリンガ諸島

リフー礁

太　平　洋

マリオン礁

リ
ー
フ

カンバーランド
諸島

マカイ○

ソーサンバーランド
諸島

タウンゼント島

スヴェイン礁

グ
レ
ー
ト
・
ディ
バ
イ
ディ
ン
グ
山
脈

ケッペル島

カブリコーン諸島

ロックハンプトン○

バンカー諸島

オーストラリア
（ クイーンズランド ）

●　サンゴの深刻な白化が起きた場所（2016年）

●　サンゴの深刻な白化が起きた場所（2017年）

─　グレート・バリア・リーフの世界遺産指定海域

0　　　　　　　　　　200マイル

0　　　　　　　　　　320キロ

リテン島とアイルランド島の合計よりも大きい。3000以上のサンゴ礁が断続的に連なりながら、オーストラリア北部沿岸を2000kmにわたって延びるグレート・バリア・リーフは、宇宙から目視できる唯一の「生きた構造物」として存在している。

　しかし特に浅瀬では、こうしたサンゴの一部が生き延びられず、驚くべき速度で死滅している。2016年、9カ月間続いた海の熱波の影響で、太平洋の水温はかつてない温度にまで上昇した。そのためサンゴに栄養を供給する色鮮やかな藻がいなくなり、結果的にサンゴ礁の30％が、白化した末に餓死した。翌年にはさらに20％が、同様の気候条件のもとで死んでいる。過去に白化現象が起きたとき、このサンゴ礁群はいつでも見事に復活を遂げてきた。だが、今回はこれだけの大量死であったため、再

生できるかどうかは疑わしい。

　サンゴ礁は極めて適応性が高いことから、この独特な海洋生
態系は今後も存続すると主張する科学者もいる。だが存続でき
たとしても、現在の姿とは違った、縮小した姿になることは避
けられないだろう。それ以上に懸念されるのは、サンゴ礁その
ものが今後急速に消滅してしまうのではないかということだ。
世界の海の温暖化は、かつての想定を40％上回るペースで進行
している。したがって、気候変動による海水温の上昇を抑え、
サンゴを守るには、何らかの手を打たねばならない。かつてクッ
ク船長は、サンゴ礁について、人間の命を奪いかねない危険な
場所だと考えた。しかし最終的には、サンゴの命をはるかに多
く奪っているのは、私たち人間の方なのだ。

下：空から撮影したグレー
ト・バリア・リーフ。海水
温の上昇により、この貴重
な眺めが脅かされている。

万里の長城

THE GREAT WALL

中国　　　　　　　　　　　　　　　　　　CHINA

人類史上最長の建造物も、大地に戻りつつある。
自然侵食と人為的破損の影響で、明の時代に築かれた
要塞のうち約 30%、2000km はすでに姿を消した。
中国共産党による「再建せよ」との訴えにもかかわらず、
残りの部分もいつ粉々に崩れてもおかしくない状況だ。

中国には、古くから伝わるこんな伝説がある。国家統一を果たした秦の始皇帝は、あるとき魔法のじゅうたんに乗って月へ飛び、そこから自身の領土を見渡した。天高く舞い上がった皇帝は、眼下に広がる土地を隅々まで観察し、初めは誇らしい気持になった。だが、じっと眺めているうち、不安が彼を襲い始める。領土のすぐ外には敵の民族が控えているというのに、その境界線は上から見ると非常に細く、頼りなく思えたからだ。これでは、どの方向から敵に襲撃されても不思議ではない。皇帝は地上に戻ると、巨大な障壁を建設することを決意した。蛮族を追い払い、自国民を守るための壁である。宇宙から目視できるとの迷信がある構造物、かの有名な万里の長城はこうして建てられたのだと、伝説は明かしている。

写真家のダニエル・シュワルツが正しく指摘していることだが、万里の長城は、決して「ザ・グレート・ウォール（巨大な1枚の壁）」ではない。この長城の実態は、2000年以上をかけて増築を繰り返した、さまざまな壁の集合体である。巨大なのはその通りだが、英語の名前のイメージとは少し異なる。人類史上最長の建造物であり、壁の長さは地球半周分に相当する。過去から現在まで、中国文明を象徴する存在だといえるだろう。

万里の長城の巧みな工学技術、壮大な規模、そして完成にこぎ着けた建設者の野心は、訪れる人をいつも驚かせる。というのも、この壁の大部分を見れば、それが単なる防壁や領有標識以上のものだったと分かるからだ。ここでは1万以上の監視塔、最低でも1000の要塞、多数の要塞化された門と守備隊が連携し、防備を固めていた。すべての設備や人員は尾根の起伏に沿って並び、うねりながら草原を通過して、ゴビ砂漠へ及んだ。その建築様式は地域の地理的な条件に応じて変化していき、壁の建設材料は周辺の環境に即したものが選ばれた。例えばゴビ砂漠の区域にある壁は、ヤナギの葉とアシと砂利とを重ねて造られている。別の区域でも同様で、使われているのは、ほとんどが天然の素材だ。

壁の最古の部分は、遅くとも紀元前7世紀に造られた。だが実質的な建設が始まったの

上：万里の長城の金山領から司
馬台の区間。壁の一部が崩れ
ている。

は、秦の初代皇帝である始皇帝の治世だといわれる。始皇帝
は紀元前221年に権力を握ると、見事に中国を統一した。だが
魔法のじゅうたんに乗るまでもなく、まだ安定しない自身の
帝国に危機が迫っていることを、皇帝は理解していた。彼の
領土の北には非中国系の匈奴（通常はフン族と同一視される）
が広がっており、地域では以前から一触即発の覇権争いが続

いていたからだ。そこで皇帝は、自身の支配下にある異質な人々をまとめ上げるため、古い部族の境界線を取り払い、同時に侵入を試みる敵の異民族を排除しようとした。それこそが、壁の建設を進めた目的だった。やがて壁は延び、中国の単位で1万里に達した（1里は約400m）。他に類のない独創的なこの壁は、始皇帝への敬意を込めた「万里の長城」の名で、今日まで母国の人々に親しまれてきた。

　秦に続く王朝も長城の増築と補強を重ね、特に漢、晋、明の時代には大規模な建設が行われた。漢代には、河西回廊や新疆まで壁が延長され、当初のほぼ倍の長さになった。明代には建築技術が飛躍的に進歩し、最終的な工事が長期間かけて行われた。私たちが「万里の長城」として知るれんが造りの壁は、この時代に完成したものだ。同じく明代には、北京北部の八達嶺長城の修復が行われた。海外からやってくる観光客は、中国建築の素晴らしさを伝えるこのエリアに案内されることが多い。

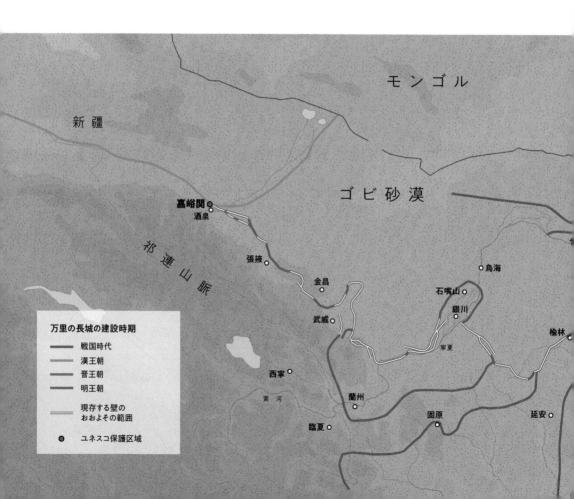

だが、こうした明代の壁の一部は、かつて朝鮮半島まで延びていた東の壁同様に、崩れ去ってしまうことが心配されている。明の時代に築かれた要塞のうち約30％、距離にして2000km分は、すでに姿を消してしまった。自然侵食もその原因の1つだが、人為的損壊の影響も大きい。中でも飾り石を持ち帰って土産物として販売する行為により、破壊が広がっているとの指摘がある。2014年に長城全域で行われた調査の結果、壁の74.1％は「保存状態が悪い」ことが判明した。一方、2018年には寧夏回族自治区の当局がブルドーザーで壁を壊し、農地開発を行ったが、中国政府からは軽い処分しか受けなかったという。中国を統治する共産党はかつて、「母なる土地を愛し、長城を再建せよ」と国民に訴えていた。しかし本書の執筆時点で、長城は再建されるどころか、状態を悪化させるばかりである。専門家が懸念を述べている通り、現存する壁のほとんどは十分に守られているとはいえず、いつ粉々に崩れてもおかしくはない状況だ。

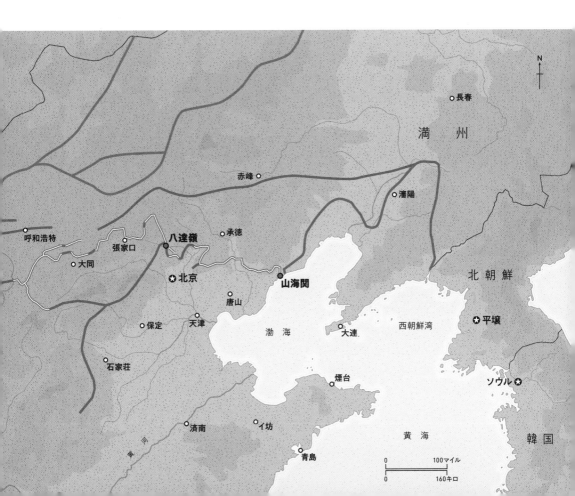

ツバル

TUVALU

南太平洋

SOUTH PACIFIC

地球温暖化に伴う海面上昇に直撃されているのが、
南太平洋に浮かぶ小さな島国ツバル。
「21世紀のうちに水没しかねない場所」
国連は、この国をそう判定する。
すでに住民の5分の1がニュージーランドなどへ移住した。

何年か前、ツバルの窮状を描いたドキュメンタリー番組が制作され、「沈んでいく心」というしゃれの効いたタイトルで放送された。ツバルを構成する6つの環礁と3つの島は、ハワイとオーストラリアの間にある南太平洋上130万km²の範囲に点在する。島の面積をすべて合わせても、26km²しかない小さい国だ。標高は最高点で海抜4.5m。1989年には国連から「地球温暖化の影響で21世紀のうちに水没しかねない場所」の1つと判定され、その判定は30年後の現在も変わっていない。

1989年以降の数十年で、地球の温暖化と太平洋の海面上昇は急速に進行した。それに伴いツバルでは、島々を守るサンゴの環が少しずつ浸食されていった。キング・タイド（大潮）の発生頻度も高まり、波は繰り返し海岸を襲い、民家にも押し寄せた。民家のそばには、プラカイモやタロイモなどを育てる畑があった。どちらも数少ない主食としてツバルの食卓に並んでいた作物だったが、塩分の濃い海水が流れ込んだことで、これらの畑も台無しになった。

島が壊れていく様子を目の当たりにした住民たちは、将来の暗い見通しに耐えかねて、次第にツバルを離れていった。移住したのは全住民1万2000人のうち約5分の1で、その大半はニュージーランドに向かった。これによりニュージーランドに居住するツバル人の数は、1996年以来3倍に増えている。

ツバルは絵葉書のように美しい太平洋の楽園だ。1978年にイギリスから独立を勝ち取ったが、この小さな島々には、これまで2000年以上にわたって人が住み続けてきた。気候は温暖な熱帯性で、（キング・タイドや嵐に見舞われることを除けば）比較的穏やかだ。透明な青い海には珍しい魚やウミガメが豊かに生息し、砂浜のあちこちにはココヤシの木が生えている。

住民は（少なくとも表面的には）おおらかで、のんびりしており、良い意味でぐうたらなところがある。彼らが最も活動的に見えるのは、泳いだり、釣りをしたり、かごを編んだり、フォークダンスをしたり、木を彫ったりしているときぐらいのものだ。

美しい自然に恵まれたツバルだが、島の主

消滅寸前の場所

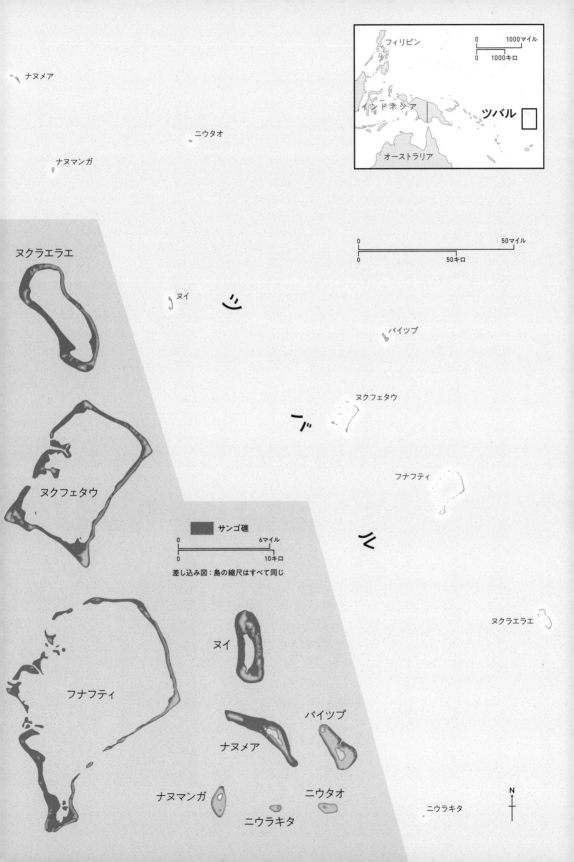

ナヌメア

ニウタオ

ナヌマンガ

フィリピン

インドネシア

オーストラリア

ツバル

1000マイル

1000キロ

ヌクラエラエ

ヌイ

バイツプ

ヌクフェタウ

0　　　　　　　　　　　50マイル

0　　　　　　　　　　　50キロ

ヌクフェタウ

フナフティ

サンゴ礁

0　　　　　　6マイル

0　　　　10キロ

差し込み図：島の縮尺はすべて同じ

ヌクラエラエ

ヌイ

フナフティ

バイツプ

ナヌメア

ナヌマンガ

ニウタオ

ニウラキタ

ニウラキタ

N

要な輸出品はコプラ（ココナッツの実を乾燥させ
たもの）程度しかない。めぼしい名産品は少なく、
土壌の塩類化も深刻な問題となっている。そこで
ツバルは、インターネット上の自国の識別ドメイ
ンである「.tv」の使用権をアメリカの企業に売却
した。このインターネットドメインの人気は非常
に高く、国の収入の大半を賄っている。

　第二次世界大戦当時、ツバルはエリス諸島と呼
ばれ、日本領タラワへの実質的な攻撃拠点として
アメリカ軍に利用されていた。戦時中、滑走路建
設のためにサンゴ礁が削り取られたことや、景観
を損なう堤防が建てられたことも、島の環境悪化
につながったと生態学者は批判している。ちなみ
に、堤防はツバル最大のフナフティ島の上に建て
られていたが、ラグーン側の海岸線が激しく浸食
されたため、ずいぶん前に流されてしまった。

　観光客に踏み荒らされていない秘境を求める
人々にとって、ここは最高の場所といえるかもし
れない。2016年、ツバルは国連世界観光機関
（UNWTO）によって、「地球上で最も訪れる人が
少ない場所」に認定された。同機関の報告によれ
ば、その年にツバルを訪れた観光客はわずか2000
人だったという。島を最も愛する住民ですら、全
域を放棄するという現実的な選択肢に向き合わざ
るを得ない中、ツバルは消滅へ向かって突き進ん
でいる。

　一方、そう決めつけるのは時期尚早だとする報
告もある。2018年、オークランド大学の研究チー
ムは『ネイチャー・コミュニケーションズ』誌に
論文を寄せ、ツバルの環礁は縮小するどころか、
全体的に陸地を獲得しつつあると発表した。海水
面が上昇したことで、波に運ばれる土砂の量が増
え、海岸に堆積しやすくなったからだという。そ
れが事実なら、ツバルの未来は予想されていたほど
暗いものではなさそうだ。しかし、住民の多く
がすでにこの地を離れてしまったことは、論文の
著者も認める事実である。

右：第二次世界大戦後、フナフティに残されたアメリカ軍の戦車。

下：ツバルの中でもとりわけ消滅の危険が高い島であるフナフティ島。その標高は、最高点でも海抜4.5m しかない。

ツバル

SELECTED BIBLIOGRAPHY

This publication owes an enormous debt to numerous other books and articles. This select bibliography will, hopefully, give credit where credit is due and point those who want to know more in the right direction.

Ackroyd, Peter. *Venice: Pure City,* Chatto & Windus, London, 2009

Ahmed, Nazimuddin. *The Buildings of Khan Jahan in and around Bagerhat,* University Press, Dhaka, 1989

Anderson, Darren. *Imaginary Cities: A Tour of Dream Cities, Nightmare Cities, and Everywhere in Between,* Influx Press, London, 2015

Anthony, David W. (ed.). *The Lost World of Old Europe: The Danube Valley 5000-3500BC,* Princeton University Press, Princeton and Oxford, 2010

Ashton, John. *The Fleet: Its River, Prison, and Marriages,* T. Fisher Unwin, London, 1888 [1887]

Bahn, Paul G. (ed.). *Lost Cities,* Weidenfeld & Nicolson, London, 1997

Bandinelli, Ranuccio Bianchi. *The Buried City: Excavations at Leptis Magna,* Weidenfeld & Nicolson, London, 1966

Beattie, Andrew. *The Danube: A Cultural History,* Signal Books, Oxford, 2010

Bedell-Harper, Kempton. *Lost to the Sea: The Vanishing Coastline of Holderness,* Heritage Centre, Hull, September 1983

Beresford, M. W. *The Lost Villages of Yorkshire,* The Yorkshire Archæological Journal, 1952

Bergreen, Laurence. *Marco Polo: From Venice to Xanadu,* Quercus, London, 2007

Bolton, Tom (photography by Said, S.F.). *London's Lost Rivers: A Walker's Guide,* Strange Attractor, Devizes, 2014

Bright, Michael. *1001 Natural Wonders You Must See Before You Die,* Cassell Illustrated, London, 2005

Bristol, George. *Glacier National Park: A Culmination of Giants,* University of Nevada Press, Reno (Nevada), 2017

Browning, Iain. *Petra (Revised Edition),* Chatto & Windus, London, 1989

Caffarelli, Erneto Vergara and Caputo, Giacomo (translated from the Italian by Ridgway, David). *The Buried City: Excavations at Leptis Magna,* Weidenfeld & Nicholson, London, 1966

Carr, Archie. *The Everglades,* Time-Life Books, New York, 1973

Carr, Robert S. and Harrington, Timothy A. *The Everglades,* Arcadia Publishing, Charleston (North Carolina), 2012

Chaudhury, N.C. *Mohenjo-daro and the Civilization of Ancient India with References to Agriculture,* Bharatiya Publishing House, Varanasi, 1979

Childe, Vere Gordon. *Ancient Dwellings at Skara Brae,* Edinburgh, 1950

Childe, Vere Gordon. *Skara Brae,* H.M.S.O., Edinburgh, 1983

Clarke, David. *Skara Brae,* Historic Scotland, Edinburgh, 2012

Coombes, J.W. *The Seven Pagodas,* Seeley, Service and Company, London, 1914

Cornell, Tim and Mathews, John. *Atlas of the Roman World,* Phaidon, Oxford, 1982

Darnhofer-Demár, Edith. 'Colombia's Lost City Revealed' in *New Scientist,* Vol. 94, 20 May 1982

Dodson, Carolyn (illustrations by DeWitt Ivey, Robert). *A Guide to Plants of the Northern Chihuahuan Desert,* University of New Mexico Press, Albuquerque, 2012

El-Abbadi, Mostafa. *The Life and Fate of the Ancient Library of Alexandria,* UNESCO, Paris, 1990

English, Charlie. *The Book Smugglers of Timbuktu: The Race to Reach the Fabled City and the Fantastic Effort to Save its Past,* William Collins, London, 2017

Fetherling, Douglas. *The Gold Crusades: A Social History of Gold Rushes, 1849–1929,* Macmillan of Canada, Toronto, 1988

Finley, M. I. *Atlas of Classical Archeology,* Chatto & Windus, London, 1977

Fryer, Jonathan. *The Great Wall of China,* New English Library, London, 1975

Fullam, Brandon. *The Lost Colony of Roanoke: New Perspectives,* McFarland & Company, Jefferson (North Carolina), 2017

Geil, William Edgar. *The Great Wall of China,* John Murray, London, 1909

Grimal, Pierre (translated by Woloch, Michael). *Roman Cities,* University of Wisconsin Press, London and Wisconsin, 1983

Grunwald, Michael. *The Swamp: The Everglades, Florida, and the Politics of Paradise,* Simon & Schuster, New York, 2007

Haberman, David L. *River of Love in an Age of Pollution: The Yamuna River of Northern India,* University of California Press, Berkeley and London, 2006

Hanks, Donoh (ed.). *North-Carolina-Roanoke Island 1937, Official Illustrated Booklet: 350th Anniversary of Sir Walter Raleigh's Colony on Roanoke Island the Birth of the Virginia Dare,* Manteo (North Carolina), 1937

Haywood, John et al. *The Cassell Atlas of World History: The Ancient and Classical Worlds Volume One,* Cassell, London, 2000

Hirst, Anthony and Silk, Michael (eds.). *Alexandria, Real and Imagined,* Routledge, London, 2017

Hoare, Alison L. *Clouds on the Horizon: The Congo Basin's Forests and Climate Change,* Rainforest Foundation, London, 2007

Horn, James. *A Kingdom Strange: The Brief and Tragic History of the Lost Colony of Roanoke*, Basic Books, New York, 2010

Howe, Ellic. *A Short Guide to the Fleet River,* T. C. Thompson & Son, London, 1955

Hunwick, John O. *The Hidden Treasures of Timbuktu: Historic City of Islamic Africa,* Thames & Hudson, London, 2008

Jenkins, Mark. *To Timbuktu,* Robert Hale, London, 1998

Kench, Paul S. et al. 'Patterns of Island Change and Persistence Offer Alternate Adaptation Pathways for Atoll Nations' in *Nature Communications,* Article 605, February 2018

Kreiger, Barbara. *The Dead Sea: Myth, History, and Politics,* Brandeis University Press, Hanover (New Hampshire) and London, 1997

MacLeod, Roy (ed.). *The Library of Alexandria: Centre of Learning in the Ancient World,* I. B. Tauris, London, 2000

Magris, Claudio. *Danube,* Harvill Press, London, 2001

Mallet, Victor. *River of Life, River of Death: The Ganges and India's Future,* Oxford University Press, Oxford, 2017

Marken, Damien B. (ed.). *Palenque: Recent Investigations at the Classic Maya Center,* Altamira Press, Lanham (Maryland) and Plymouth, 2007

Markoe, Glenn (ed.). *Petra Rediscovered: Lost City of the Nabataeans,* Thames & Hudson, London, 2003

Matthews, David Kenneth. *Cities in the Sand. Leptis Magna and Subratha in Roman Africa,* University of Pennsylvania Press, Philadelphia, 1957

Mayes, Philip. *Port Royal Jamaica: Excavations 1969-70,* Jamaica National Trust Commission, Kingston (Jamaica), 1972

Michaud, Roland (photography by Michaud, Roland & Sabrina; text by Jan, Michel). *The Great Wall of China,* Abbeville Press Publishers, New York, 2001

Minetor, Randi. *Historic Glacier National Park: The Stories Behind One of America's Great Treasures,* LP, Guilford (Connecticut), 2016

Morris, Jan. *Venice,* Faber, London, 1974 [2015 edition]

Moseley, Michael E. and Day, Kent C. (eds.). *Chan Chan, Andean Desert City,* University of New Mexico Press, Albuquerque, 1982

Mountfort, Guy. *Portrait of a River: The Wildlife of the Danube, from the Black Sea to Budapest,* Hutchinson, London, 1962

Muir, Richard. *The Lost Villages of Britain,* History, Stroud, 2009

Niemi, Tina M. (ed.). *The Dead Sea: The Lake and its Setting,* Oxford University Press, New York and Oxford, 1997

Norwich, John Julius (ed.). *Cities that Shaped the Ancient World,* Thames & Hudson, London, 2014

Paine, Lauren. *Benedict Arnold, Hero and Traitor,* Robert Hale, London, 1965

Powell, Andrew Thomas. *Grenville and the Lost Colony of Roanoke: The First*

English Colony of America, Matador, Leicester, 2011

Rababeh, Shaher M. *How Petra was Built: An Analysis of the Construction Techniques of the Nabataean Freestanding Buildings and Rock-Cut Monuments in Petra, Jordan,* Archaeopress, Oxford, 2005

Read, Peter. *Returning to Nothing: The Meaning of Lost Places,* Cambridge University Press, Cambridge, 1996

Rotherham, Ian D. *Yorkshire's Viking coast,* Amberley, Stroud, 2015

Sanday, John et al. *Bangladesh: Master Plan for the Conservation and Presentation of the Ruins of the Buddhist Vihara at Paharpur and the Historic Mosque-City of Bagerhat,* Unesco, Paris, 1983

Schwartz, Daniel. *The Great Wall of China,* Thames & Hudson, London and New York, 1990

Sheppard, Charles. *The Biology of Coral Reefs,* Oxford University Press, Oxford, 2018

Silverman, Helaine and Isbell, William (eds.). *Handbook of South American Archaeology,* Springer, New York, 2008

Sprague, Marguerite. *Bodie's Gold: Tall Tales and True History from a California Mining Town,* University of Nevada Press, Reno (Nevada) and Eurospan, London, 2003

Stambaugh, John E. *The Ancient Roman City,* Johns Hopkins University Press, Baltimore, 1988

Stuart, David and Stuart, George. *Palenque Eternal City of the Maya,* Thames & Hudson, London, 2008

Taylor, Jane. *Petra and the Lost Kingdom of the Nabataeans,* I.B. Tauris, London, 2001

Testi, Arnaldo (translated by Mazhar, Noor Giovanni). *Capture the Flag: The Stars and Stripes in American History,* New York University Press, New York, 2010

Thomsen, Clint. *Ghost Towns: Lost Cities of the Old West,* Shire Publications, Botley, Oxford, 2012

Urban, G. and Jansen, M. (eds.). *The Architecture of Mohenjo-Daro,* Books & Books, New Delhi, 1984

Wade, Stephen. *Lost to the Sea: Britain's Vanished Coastal Communities: Norfolk and Suffolk,* Pen & Sword History, Barnsley, South Yorkshire, 2017

Wade, Stephen. *Lost to the Sea: Britain's Vanished Coastal Communities: The Yorkshire Coast & Holderness,* Pen & Sword History, Barnsley, South Yorkshire, 2017

Weeden, Mark and Ullmann, Lee Z. (eds.), maps by Homan, Zenobia. *Hittite Landscape and Geography,* Brill Publishers, Leiden and Boston, 2017

PICTURE CREDITS

ACKNOWLEDGEMENTS

Thanks, first, to Lucy Warburton who commissioned this book, along with my previous two atlases, before departing for pastures new this time round. Thanks then to Julia Shone, who picked up the baton from Lucy and ensured we got the thing over the finishing line. Also invaluable in moving the book from manuscript to published entity were the managing editor Laura Bulbeck and Alison Moss, who as copyeditor wielded the red pen with aplomb. This book could hardly dare to be called an atlas without its maps, which were once again drawn with skill by my cartographical collaborator Martin Brown.

Further thanks to everyone at the pride of White Lion, for their efforts on behalf of this book and especially Melody Odusanya for publicity.

Thanks to the staff and librarians at The British Library in St Pancras and The London Library in St James's and Hackney Libraries, Stoke Newington branch.

And in addition I'd like to thank, friends, ancient and modern, my folks and family on either side of the Atlantic and my brilliant and beautiful wife, Emily Bick and our cat Phoebe.

INDEX

ナショナル ジオグラフィック協会は1888年の設立以来、研究、探検、環境保護など1万2000件を超えるプロジェクトに資金を提供してきました。ナショナル ジオグラフィックパートナーズは、収益の一部をナショナルジオグラフィック協会に還元し、動物や生息地の保護などの活動を支援しています。

日本では日経ナショナル ジオグラフィック社を設立し、1995年に創刊した月刊誌『ナショナル ジオグラフィック日本版』のほか、書籍、ムック、ウェブサイト、SNSなど様々なメディアを通じて、「地球の今」を皆様にお届けしています。

nationalgeographic.jp

Atlas of Vanishing Places
The lost worlds as they were and as they are today

by Travis Elborough 2019

Travis Elborough has asserted his moral right to be identified as the Author of this Work in accordance with the Copyright Designs and Patents Act 1988.

Maps by Martin Brown

Every effort has been made to trace the copyright holders of material quoted in this book. If application is made in writing to the publisher, any omissions will be included in future editions.

Japanese translation rights arranged with White Lion Publishing, an imprint of The Quarto Group through Japan UNI Agency, Inc., Tokyo

世界から消えゆく場所
万里の長城からグレート・バリア・リーフまで

2020年3月23日　第1版1刷

著　者	トラビス・エルボラフ
	マーティン・ブラウン
翻訳者	湊 麻里
編　集	尾崎 憲和
編集協力・制作	リリーフ・システムズ
装　丁	渡邊 民人（TYPEFACE）
本文デザイン	清水 真理子（TYPEFACE）
発行者	中村 尚哉
発　行	日経ナショナル ジオグラフィック社
	〒105-8308 東京都港区虎ノ門4-3-12
発売	日経BPマーケティング

ISBN978-4-86313-467-6
Printed in Singapore